Katja Schneidt

Wir schaffen es nicht

Katja Schneidt

Wir schaffen es nicht

Eine Flüchtlingshelferin erklärt, warum die
Flüchtlingskrise Deutschland überfordert

Bibliografische Information der Deutschen Nationalbibliothek:
Die Deutsche Nationalbibliothek verzeichnet diese Publikation in der Deutschen Nationalbibliografie; detaillierte bibliografische Daten sind im Internet über http://d-nb.de abrufbar.

Für Fragen und Anregungen:
info@rivaverlag.de

1. Auflage 2016

© 2016 by riva Verlag, ein Imprint der Münchner Verlagsgruppe GmbH
Nymphenburger Straße 86
D-80636 München
Tel.: 089 651285-0
Fax: 089 652096

Redaktion: Antje Steinhäuser
Umschlaggestaltung: Verena Frensch, München
Umschlagabbildung: © Panayiotis Tzamaros/picture alliance
Satz: Carsten Klein, München
Druck: GGP Media GmbH, Pößneck
Printed in Germany

ISBN Print: 978-3-86883-998-2
ISBN E-Book (PDF): 978-3-95971-352-8
ISBN E-Book (EPUB, Mobi) 978-3-95971-353-5

Weitere Infos zum Verlag finden Sie unter
www.rivaverlag.de
Beachten Sie auch unsere weiteren Verlage unter
www.muenchner-verlagsgruppe.de

Inhaltsverzeichnis

1. Kapitel

Wie können wir das schaffen?

Als ich gefragt wurde, ob ich ein Buch über die Flüchtlingssituation in Deutschland schreiben wollte, musste ich nicht lange überlegen. Natürlich wollte ich das! Zu dem Thema gibt es so viel Wichtiges und Wissenswertes zu sagen. Die Stimmung in Deutschland schwankt mittlerweile zwischen dem unerschütterlichen »Wir schaffen das!« und »Hilfe! Der Untergang Deutschlands steht bevor« – und beides ist fernab jeder Realität.

Als in den Neunzigerjahren, während des Krieges im ehemaligen Jugoslawien, die Flüchtlinge in Scharen nach Deutschland strömten, war ich bereits in der Flüchtlingshilfe tätig. Und ich bin es auch heute noch.

Ich lebe in einer mittelhessischen Kleinstadt und wir haben neben einer großen Erstaufnahmeeinrichtung, die in einer ehemaligen US-Kaserne untergebracht ist, auch drei große Gemeinschaftsunterkünfte für Asylsuchende. Dazu kommen noch mehrere kleinere Gemeinschaftsunterkünfte, die auf die anliegenden Ortsteile verteilt sind.

Meine Aufgaben in der Flüchtlingshilfe sind vielfältig.

Ich betreue Flüchtlingsfamilien und bin ihnen ebenso beim Ausfüllen von Formularen behilflich wie bei der Wohnungssuche und bei den anfallenden Problemen im Alltag. Außerdem begleite ich sie zu Terminen auf der Ausländerbehörde, bei Arztterminen und bei der Jobsuche.

In einer anderen großen Gemeinschaftsunterkunft gebe ich jungen, männlichen Flüchtlingen regelmäßig Deutschunterricht und bin ebenfalls Ansprechpartnerin bei allen anfallenden Problemen.

Dazu bin ich einmal in der Woche in unserer Grundschule und übe mit einer Gruppe Erstklässler, die sowohl aus deutschen wie auch aus Flüchtlingskindern besteht, das Lesen.

Da ich selbst viele Jahre lang in einer Beziehung mit einem türkischen Mann gelebt habe und auch heute noch ein sehr multikulturelles Umfeld habe, kenne ich mich in der islamischen Kultur bestens aus und kann mich in jedem muslimischen Umfeld bewegen. Dies erleichtert mir meine ehrenamtliche Flüchtlingsarbeit sehr und verhilft mir zu einer großen Akzeptanz bei den Asylsuchenden. Immerhin kommt ein Großteil dieser Menschen aus streng islamischen Ländern wie Syrien, dem Irak oder Afghanistan. Auch bei den Flüchtlingen aus Eritrea liegt der Anteil der Muslime bei fast 60 Prozent.

Außerdem berate ich seit vielen Jahren – ebenfalls ehrenamtlich – Opfer häuslicher Gewalt. Auch diese Menschen kommen aus den unterschiedlichsten Kulturkreisen.

Neben mir gibt es noch einige hilfsbereite Menschen, die sich im Rahmen unseres Flüchtlingshilfenetzwerks »Neue Nachbarn« unermüdlich für die Asylsuchenden engagieren.

Die meisten tun dies mit einem leidenschaftlichen Engagement und man spürt, dass ihnen die Flüchtlinge wirklich am Herzen liegen. Viele sind ebenso wie ich aktives Mitglied in der SPD, sodass wir uns auch auf kommunalpolitischer Ebene bemühen, gute Voraussetzungen für die in unserer Stadt lebenden Flüchtlinge zu schaffen.

Im November 2015 wurde uns der Hessische Integrationspreis verliehen. Darauf sind wir stolz. Es ist ein gutes Gefühl, wenn die vielen Hilfestellungen, die man als ehrenamtlicher Flüchtlingshelfer geben muss, wenigstens eine soziale Anerkennung finden.

Ich stelle mir oft die Frage, was die Geflüchteten ohne die vielen ehrenamtlichen Helfer tun würden.

Nachdem sie Deutschland erreicht haben und in eine der Erstaufnahmeunterkünfte gebracht worden sind, gibt es eine relativ große Anzahl von Menschen, die sich um die Geflüchteten kümmern. Auch hier ist der Anteil der ehrenamtlichen Kräfte weitaus höher als der der bezahlten Betreuungskräfte.

Die meisten Erstaufnahmeunterkünfte verfügen über eigene Ärzte und umfangreiche medizinische Diagnostik-Apparate, wie zum Beispiel Röntgen- oder Ultraschallgeräte, sodass die ärztliche Betreuung direkt vor Ort abgedeckt wird und lange Wartezeiten, wie sie bei öffentlichen Ärzten üblich sind, sowie Anfahrtswege entfallen.

Die Essensversorgung wird meistens über einen Cateringservice abgedeckt, sodass die Flüchtlinge sich weder um einen Einkauf noch um die Essenszubereitung kümmern müssen.

Die Sauberhaltung der Unterkünfte wird durch externe Reinigungsunternehmen durchgeführt.

Behördentermine außerhalb der Erstaufnahmeunterkünfte werden meist von Dolmetschern oder Betreuungskräften begleitet.

Die Hilfestellungen der Flüchtlingshelfer sind sehr engmaschig und sorgen für einen meist reibungslosen Ablauf in den Erstaufnahmeunterkünften.

Anders sieht es allerdings aus, wenn die Asylsuchenden die Erstaufnahmeunterkünfte verlassen und in Gemeinschaftsunterkünften untergebracht werden. Von einem auf den anderen Tag sind sie plötzlich in einem fremden Land, dessen Sprache sie nicht sprechen, völlig auf sich allein gestellt. Es gibt ab diesem Zeitpunkt kaum noch eine Unterstützung durch bezahlte Betreuungskräfte.

Ohne die vielen ehrenamtlichen Helfer, die zum Teil zwanzig Stunden und mehr pro Woche ihrer freien Zeit in die Flüchtlingshilfe investieren und dafür keinen einzigen Cent, außer der Erstattung ihrer Kosten, bekommen, wäre die Flut der Menschen, die in Deutschland Schutz suchen, gar nicht zu bewältigen.

Vielleicht ist das auch einer der Gründe, warum mir das optimistische »Wir schaffen das!« unserer Bundeskanzlerin immer ziemliche Bauchschmerzen bereitet. Und leider klagen tatsächlich viele Hilfsorganisationen mittlerweile über einen massiven Rückgang der Hilfsbereitschaft.

Die Euphorie zu Beginn der Flüchtlingswelle ist verflogen, und viele Menschen, die sich am Anfang engagierten, haben ihre Prioritäten inzwischen wieder neu gesetzt. Job,

Haushalt und Kindererziehung lassen nun mal auf Dauer keinen nennenswerten Spielraum zu, um die Flüchtlinge wirklich adäquat zu betreuen und ihnen in ihrem Alltag kontinuierlich behilflich zu sein.

Als Autorin genieße ich den Luxus, mir meine Zeit frei einteilen zu können, und das ist auch notwendig, wenn ich wirklich effektiv helfen möchte. Termine auf der Ausländerbehörde, bei Ärzten oder dem Jobcenter etwa sind immer tagsüber. Dazu klingelt häufig mein Telefon und ich werde von den Flüchtlingen gebeten, doch mal kurz vorbeizuschauen, weil sich ein Kind verletzt hat, Post gekommen ist, die ihnen übersetzt werden muss, oder es Probleme mit anderen Bewohnern in der Gemeinschaftsunterkunft gibt.

Es wäre dringend notwendig, die finanziellen Mittel für bezahlte Betreuungskräfte nennenswert zu erhöhen, denn der Hilfebedarf wird in absehbarer Zeit noch massiv ansteigen. Spätestens dann, wenn die Angehörigen der Asylsuchenden im Rahmen des Familiennachzugs in Deutschland eintreffen, wird der Hilfebedarf mit fast ausschließlich ehrenamtlich tätigen Hilfskräften nicht mehr zu bewältigen sein.

Dabei steht uns die größte Arbeit noch bevor. Wenn die formellen Dinge geklärt sind und die Flüchtlinge endlich in eine private Wohnung ziehen dürfen, beginnt der Integrationsprozess.

Dieser besteht nicht nur darin, dass die Schutzsuchenden die deutsche Sprache erlernen.

Viel wichtiger ist es, sie mit unserer Kultur und der hier herrschenden Gleichberechtigung von Mann und Frau vertraut zu machen. Dies ist wichtig, damit sie ein vollwertiger Teil unserer Gesellschaft werden und sich nicht noch weitere Parallelgesellschaften bilden.

Dieser Aspekt bereitet mir große Sorgen. Zu oft habe ich in den vielen Jahren meiner Beratungstätigkeit erlebt, dass muslimische Frauen und Mädchen die großen Verlierer einer misslungenen Integration wurden. In einem freien Land mit Gleichberechtigung zu leben, aber selbst in einer Struktur zu stecken, die den weiblichen Mitgliedern der Familie eine Rolle zuteilt, die wir in Deutschland schon vor mindestens einem halben Jahrhundert abgeschafft haben, stellt diese Frauen und Mädchen vor eine große Herausforderung, und nicht wenige von ihnen erleiden mit der Zeit eine psychische Erkrankung. Eine Studie der Berliner Charité hat sogar ergeben, dass junge Frauen mit vorwiegend türkischem Migrationshintergrund sich doppelt so häufig das Leben nehmen wie gleichaltrige deutsche Mädchen.

Auch für die Männer ist dieser Spagat zwischen zwei Kulturen, die unterschiedlicher nicht sein könnten, eine enorme Belastung.

Es ist ein Irrglaube und äußerst naiv zu denken, dass die Menschen, die hier Schutz suchen, ihre tief verwurzelten Traditionen und vor allem das Rollenbild, dass in den meisten Herkunftsländern herrscht, ablegen, nur weil sie jetzt in einem Land leben, in dem die Selbstbestimmung der Frau etwas völlig Selbstverständliches ist.

Trotzdem tun viele Deutsche so, als ob es diese Probleme nicht gäbe bzw. sie mit einem bisschen guten Willen spielend zu bewältigen wären.

Warum tut sich ein Großteil der Menschen so schwer damit, offen auszusprechen, dass es zwischen der muslimischen und der christlichen Kultur gravierende Unterschiede gibt, die auch maßgeblich das tägliche Leben prägen?

Anders als wir es aus dem Christentum kennen, ist der Islam für die Muslime weitaus mehr als lediglich eine Religion. Es ist ein vollumfängliches Lebenskonzept, welches nicht nur das tägliche Leben und die Rolle der Familienmitglieder klar definiert hat. Der Islam regelt darüber hinaus auch einen Großteil der Politik und die gesellschaftliche Ordnung.

Das ist per se erst einmal nicht als negativ zu bewerten aber nur wer das erkannt hat, kann sich auch ernsthaft mit der Thematik der nachhaltigen Integration auseinandersetzen. Es reicht nämlich nicht, von den Flüchtlingen zu verlangen und zu erwarten, dass sie sich hier uneingeschränkt unserer Kultur, unserer Lebensweise und unserem Grundgesetz unterwerfen, da dies nun einmal in weiten Teilen mit den Vorgaben des Korans kollidiert.

Diese Tatsache darf man nicht ignorieren und sie wird bei der anstehenden Integrationsarbeit die größte Hürde sein, die es zu nehmen gilt.

In meiner täglichen Flüchtlingsarbeit erfahre ich zwar eine große Dankbarkeit seitens der Asylsuchenden, denn egal aus welchen Gründen diese Menschen hierhergekommen sind – eines haben sie alle gemeinsam. Sie sind froh, es bis nach Deutschland geschafft zu haben.

Ich sehe aber auch die Konflikte, in denen sich diese Menschen seit ihrer Ankunft in Deutschland befinden. Dies betrifft besonders die Frauen und Mädchen. Manchmal sind es so lapidare Dinge, wie ein Besuch bei einem Arzt, der natürlich auch den weiblichen Patientinnen die Hand zur Begrüßung entgegenstreckt, was bei diesen pures Entsetzen auslöst. Selten wird die gebotene Hand ergriffen, und unzählige Male stand den Medizinern die Betroffenheit im Angesicht dieser Situation ins Gesicht geschrieben.

Auch die oft beharrliche Weigerung von Männern, sich von einer Ärztin untersuchen zu lassen, führt zu Irritationen. Deutsche Ärztinnen sind es nicht gewöhnt, dass man ihnen aufgrund ihres Geschlechts eine Qualifikation abspricht und eine Behandlung durch sie ablehnt.

Oft wird den Flüchtlingen in der Folge Undankbarkeit unterstellt, dabei verhalten sie sich lediglich so, wie es in ihrer Kultur üblich ist. Diese Verhaltensmuster finden ebenfalls ihren Ursprung in den Regeln des Korans, und es wird weitaus mehr erforderlich sein als der Besuch eines der vorgeschriebenen Integrationskurse, um bei den Flüchtlingen ein Umdenken zu bewirken. Dies ist übrigens eines der Themen, die ich in der Debatte unserer Politiker am meisten vermisse.

Es reicht nicht, immer gebetsmühlenartig zu wiederholen, dass wir es schaffen werden, aber der Bevölkerung mit keinem Wort zu erklären, *wie* wir es denn schaffen werden.

Diese mangelnde Transparenz unserer Flüchtlingspolitik schafft letztendlich nur Unsicherheiten und dies nicht nur bei der deutschen Bevölkerung. Die Flüchtlinge sind ebenso verunsichert und haben große Angst vor ihrer Zukunft.

Ein Großteil der Geflüchteten sind Männer, die in ihrem Heimatland ihre Frau und meist auch Kinder in der Hoffnung zurückgelassen haben, diese möglichst schnell nachzu-holen. Das ist allgemein bekannt und bestätigt sich in vielen Gesprächen, die ich sowie zahlreiche andere Flüchtlingshel-fer in ganz Deutschland mit Flüchtlingen geführt haben.

Medienberichte sprechen von einem Familiennachzug in der Größenordnung von sechs bis acht Familienmitgliedern pro Flüchtling. Ich halte diese Schätzungen für seriös. Eine sichere Prognose kann allerdings erst abgegeben werden, wenn alle Asylsuchenden registriert und alle Daten restlos erfasst sind. Dies wird noch eine Weile dauern, denn ob-wohl das Bundesamt für Migration über 2000 Menschen in einem Crashkurs zu Asylentscheidern ausgebildet hat, gibt es noch weit über 300 000 Asylanträge, die auf ihre Bear-beitung warten und ein Ende der Flüchtlingswelle ist nicht abzusehen.

Sicherlich werden es aber mehrere Millionen Menschen werden, die hier in Deutschland ein neues Zuhause finden möchten. In Anbetracht der Tatsache, dass wir in den letz-ten Jahrzehnten bereits – in etlichen Fällen kläglich – mit einer erfolgreichen Integration bei einem erheblichen Teil der hier lebenden Ausländer gescheitert sind, fällt es mir schwer zu glauben, dass uns das in Anbetracht der großen Anzahl Menschen, die in kurzer Zeit nach Deutschland ge-kommen sind, besser gelingen wird. Diese Meinung teilt üb-rigens auch die überwiegende Anzahl meiner Freunde und Bekannten mit Migrationshintergrund. Egal, ob sie aus der Türkei, Armenien, Russland oder aus Tunesien kommen. Fast alle bezweifeln, dass es uns gelingen wird, ein nachhal-tiges und gutes Miteinander zu schaffen, ohne recht schnell an die Grenzen der unterschiedlichen Lebensauffassungen zu kommen.

Mit diesem Buch möchte ich Ihnen einen ungefilterten Einblick in meine tägliche Flüchtlingsarbeit inklusive aller positiver und negativer Aspekte geben.

Vielleicht werden Sie am Ende des Buches verstehen, warum ich der Meinung bin, dass wir es nicht schaffen, diese Flüchtlingskrise für alle Beteiligten erfolgreich zu bewältigen, obwohl ich im Grunde ein optimistischer Mensch bin!

2. Kapitel

Der Flüchtlingsansturm in Deutschland

Die Flüchtlingskrise ist kein überraschendes Ereignis und ich stelle mir oft die Frage, warum sich die angrenzenden Länder nicht besser darauf vorbereitet haben. Der Krieg in Syrien ist die direkte Folge des arabischen Frühlings, der immerhin schon im Dezember 2011 zu ersten Unruhen in der arabischen Welt führte. Was als Protest gegen die autoritären Regime und mit der Hoffnung auf eine verbesserte Menschenrechtslage begann, mündete schon bald in Chaos, Gewalt und Bürgerkriege.

Diesen Umstand nutzte die Terrororganisation Islamischer Staat ab dem Jahr 2014 für ihre eigenen Ziele. Seitdem führt sie in Syrien und Irak einen erbitterten Krieg, der ebenfalls dafür ursächlich ist, dass die Menschen in Scharen aus diesen Ländern flüchten. Dies alles blieb dem Rest der Welt nicht verborgen. Immerhin leben wir im Zeitalter des Internets und der Social-Media-Kanäle, und noch nie war es so einfach wie heute, sich über das aktuelle Weltgeschehen zu informieren.

Es wäre also genügend Zeit gewesen, ausreichend Flüchtlingscamps in Grenznähe zu errichten und mit der Hilfe der EU ein humanitäres Hilfenetzwerk aufzubauen. Dies hätte den Flüchtlingen einige Strapazen erspart. Eine grenznahe Unterbringung hat viele Vorteile, im Übrigen für alle Beteiligten. Kein gefährlicher und strapaziöser Weg nach Europa, keine Kosten für organisierte Schlepperbanden, keine Sprach- und Verständigungsprobleme und keine Probleme mit dem europäischen Essen (ja, das Essen ist anscheinend wirklich ein Problem für die Flüchtlinge und unangefochtener Beschwerdegrund Nummer eins in den Flüchtlingsunterkünften), um nur einige zu nennen.

Da die an die Kriegsgebiete angrenzenden Länder aber gar nicht auf den Flüchtlingsansturm vorbereitet waren, zogen die Flüchtlinge weiter nach Europa.

Fast jeder, der sich mit dem Thema auch nur ansatzweise auseinandersetzt, wird sich noch an die Flüchtlinge erinnern können, die tagelang in Ungarn unter katastrophalen Bedingungen festgehalten wurden und darauf warteten, nach Österreich und Deutschland weiterreisen zu können. Bundeskanzlerin Merkel entschied am 4. September 2015 gegen alle Bedenken, Tausende Flüchtlinge aus Ungarn über Österreich einreisen zu lassen und betonte, dass es für Deutschland keine Asylobergrenze geben werde.

Damit hat sie in meinen Augen ein fatales Zeichen gesetzt und die Asylsuchenden geradezu aufgefordert, sich auf den langen und gefährlichen Weg nach Deutschland zu machen.

Sie nannte es: »In einer Notsituation ein freundliches Gesicht zeigen.«

Natürlich sprach sich unter den Asylsuchenden schnell herum, dass Flüchtlinge in Deutschland mit offenen Armen empfangen wurden, und kaum einer wollte mehr in einem anderen Land Zuflucht suchen.

Ich erinnere mich noch gut an ein Video, welches wochenlang in den sozialen Netzwerken kursierte. Darauf war ein Zug zu sehen, der auf einer freien Strecke gestoppt hatte. Dieser Zug war vollgestopft mit Flüchtlingen. Vor dem Zug standen zahlreiche Polizisten und Helfer, die die Menschen in den Waggons mit Wasser und Lebensmitteln versorgen wollten. Sie reichten ihnen Sechserpacks mit Wasser durch die Fenster. Die Flüchtlinge nahmen die Wasserflaschen und warfen sie voller Wut auf die Schienen. Untertitelt war das Video mit der Information, dass die Flüchtlinge lieber Cola anstatt Wasser wollten und sie deshalb die Flaschen aus dem Fenster warfen. Die Wahrheit war allerdings eine andere.

Die ungarischen Behörden hatten den Zug gestoppt, da keiner der Reisenden bisher registriert worden war oder gültige Papiere besaß. Die Menschen sollten in Ungarn registriert werden, was ihnen dann allerdings eine Weiterreise nach Deutschland unmöglich gemacht hätte, da das Asylgesetz vorsieht, dass ein Flüchtling in dem sicheren Land einen Asylantrag stellen muss, welches er als erstes erreicht. Deshalb weigerten die Menschen sich beharrlich und erklärten den anwesenden Journalisten, dass sie in Ungarn keine Zukunft sehen würden und sie deshalb unbedingt nach Deutschland wollten.

Solche dramatischen Szenen sollten sich in der Zukunft noch oft wiederholen und irgendwann gaben die ungarischen Behörden auf und beschränkten sich darauf, die Flüchtlinge auf ihrem Weg nach Deutschland und Österreich lediglich durch Ungarn zu begleiten und ihnen den Weg zu weisen.

Deutschland war auf den nun folgenden Ansturm der Flüchtlinge allerdings ebenfalls nicht vorbereitet und so wurden in Windeseile in Turnhallen und leer stehenden Gebäuden provisorische Notunterkünfte geschaffen. Szenen, in denen die ankommenden Flüchtlinge von der deutschen Bevölkerung unter großem Jubel wie Popstars empfangen wurden, gehörten von nun an fast schon zu dem täglichen Bild, das sich an Bahnhöfen und deutschen Grenzübergängen bot. Die Euphorie und Hilfsbereitschaft kannte in den ersten Monaten der Flüchtlingskrise fast keine Grenzen.

Leider hielt sie aber noch nicht mal ansatzweise so lange an wie der nicht versiegende Flüchtlingsstrom, und so kam es, dass ich Mitte letzten Jahres in unserer Stadtverwaltung einen Zettel am Schwarzen Brett hängen sah, auf dem stand, dass weitere ehrenamtlich tätige Menschen gesucht würden, die bei der Betreuung der Flüchtlinge behilflich seien.

Da ich damals, als die vielen Menschen aus dem ehemaligen Jugoslawien in Deutschland Zuflucht suchten, auch schon in der Flüchtlingshilfe tätig war, zögerte ich nicht lange und rief die auf dem Zettel angegebene Nummer an. Es meldete sich ein freundlicher Mann, der völlig begeistert war, als ich ihm erzählte, dass ich nicht nur bereits in der Flüchtlingshilfe tätig gewesen war, sondern darüber hinaus weitreichende Erfahrung mit der islamischen Kultur hatte. Er lud mich zu einem der nächsten Treffen ein, damit ich die anderen Leute aus dem Hilfenetzwerk kennenlernen konnte. Diese Zusammenkunft fand ein paar Tage später statt und ich wurde freundlich begrüßt. Es waren ungefähr zwanzig Männer und Frauen in einem Bistro versammelt, die über ihre Arbeit mit den Flüchtlingen berichteten und Informationen austauschten. Gespannt hörte ich zu.

Als Erstes fiel mir auf, dass hier vor allem Menschen waren, die sich bereits im Rentenalter befanden. Allerdings war dies auch nur logisch, denn diese Altersklasse verfügte in der Regel auch über die notwendige Zeit, den Flüchtlingen bei der Bewältigung ihres Alltags helfen zu können. Die jüngeren Leute waren entweder berufstätig oder durch die Versorgung des eigenen Nachwuchses zeitlich stark beschränkt.

Ich unterhielt mich an diesem Abend lange mit dem Vorsitzenden des Hilfenetzwerks. Ein sehr engagierter Mann, mit einer Menge Lebenserfahrung. Man spürte bei jedem seiner Sätze, dass er über ein umfassendes Wissen in der Flüchtlingshilfe verfügte und mit ganzem Herzen bei der Sache war.

Nachdem ich ihm auch ein bisschen vor mir erzählt hatte, fragte er mich, ob ich Lust habe, ihn in ein paar Wochen bei einer Informationsveranstaltung bezüglich der Flüchtlinge in unserer Stadt zu begleiten und einen Vortrag über das Zusammenleben mit Muslimen zu halten. Viele Einwohner hätten Ängste vor dem Zusammenleben mit den Flüchtlingen, die ja überwiegend dem muslimischen Glauben angehören, und seien sich unsicher, wie sie sich diesen Menschen gegenüber verhalten sollten. Etwas Aufklärung könne da vielleicht hilfreich sein und Ängste nehmen.

Ich sagte sofort zu. Schließlich war ich ja gekommen, um zu helfen. Wir verabredeten uns zudem, um an einem der nächsten Tage zusammen eine der drei großen Gemeinschaftsunterkünfte zu besuchen, damit ich mir ein Bild von der Flüchtlingssituation in unserer Stadt machen konnte. Die große Erstaufnahmeeinrichtung stand zu diesem Zeitpunkt kurz vor ihrer Fertigstellung und war noch nicht in Betrieb.

Nach dem Besuch der besagten Unterkunft machte ich mich bester Laune auf den Heimweg. Bester Laune deshalb, weil ich von dem Treffen angenehm überrascht war. Schließlich las und hörte man in den seriösen Medien täglich so viele Schreckensmeldungen zu den Flüchtlingen in Deutschland. Um sexuelle Übergriffe und Diebstähle ging es da. In unserer Kleinstadt schien es diese Probleme allerdings nicht zu geben. Zumindest fiel an diesem Abend kein negatives Wort über die Flüchtlinge. Alle schienen regelmäßig den Deutschunterricht zu besuchen, der ebenfalls von den Ehrenamtlichen organisiert wurde, und die meisten auch integrationswillig zu sein.

Waren die anderslautenden Berichte in den Medien also lediglich Panikmache?

Ich sollte es herausfinden!

3. Kapitel

Das Problem der Unterkünfte oder:
Leben im Luxus?

Ein paar Tage später war es so weit. Ich hatte mich mit ein paar Leuten des Hilfenetzwerks vor der Gemeinschaftsunterkunft verabredet. Heute hatte ich die Möglichkeit, mir die Unterkunft von innen anzusehen und ein paar der Flüchtlinge kennenzulernen.

Von außen sah das Haus recht ansehnlich aus. Es war ein riesiges Gebäude, fast komplett aus roten Backsteinen erbaut. Vor dem Haus lud ein großer Garten zum Verweilen ein.

Als alle eingetroffen waren, betraten wir gemeinsam das Haus. Leider konnte das Innere des Gebäudes mit seinem Äußeren nicht mithalten. Ein unangenehmer Geruch schlug mir entgegen, die Wände waren verschmutzt und der Boden mit Flecken übersät. Beim genaueren Hinschauen konnte man erkennen, dass es sich zumindest bei einem Teil der Flecken um Brandlöcher handelte. Dann stiegen wir ein paar

Stufen nach oben. Ich griff automatisch nach dem Treppen-
geländer und zuckte sofort angeekelt zurück. Der Handlauf
klebte vor Dreck und mir lief ein Schauer über den Rücken.
Hier waren also fast fünfzig Menschen untergebracht? Für
einen kurzen Moment hatte ich die Hoffnung, dass es in
den Zimmern der Bewohner besser aussehen würde. Leider
sollte sich diese Hoffnung aber nicht erfüllen. Schon in dem
ersten Zimmer, in das wir freundlich hineingebeten wurden,
nachdem wir geklopft hatten, war das Chaos auf den ersten
Blick sichtbar. In dem ungefähr zwanzig Quadratmeter großen Raum standen zwei Etagenbetten, von denen, obwohl
es bereits später Nachmittag war, zwei Schlafplätze belegt
waren. Die Flüchtlinge schliefen tief und fest und bekamen
von unserer Anwesenheit gar nichts mit.

Die anderen beiden zeigten uns bereitwillig ihr Zimmer.
Außer den Betten befand sich darin ein Kleiderschrank und
eine provisorische Küche, die aus einem Kühlschrank und
einem niedrigen Regal bestand, auf dem eine Kochplatte
platziert war. Unglücklicherweise standen diese Einrich-
tungsgegenstände direkt vor der einzigen Heizung, sodass
es in dem Raum entsprechend kalt war. Dazu kam, dass alle
Fenster gekippt waren.

Aufgrund der Enge gab es aber keinen anderen Platz, an
dem die »Küche« hätte eingerichtet werden können.

Die Flüchtlinge, die aus Eritrea kamen und ein gutes Englisch sprachen, erzählten uns, dass sie immer frieren würden,
obwohl die Heizung auf der höchsten Stufe stehen würde.
Auf meinen Hinweis, dass sie doch die Fenster schließen
sollten, erklärten sie, dass dann sehr schnell schlechte Luft

in dem Zimmer wäre, was mir in Anbetracht der Tatsache, dass sie zu viert in dem kleinen Raum lebten und auch dort kochen mussten, einleuchtete.

Bevor wir weitergingen, fragten wir noch, ob sie irgendetwas benötigen würden, woraufhin wir um einen Wasserkocher gebeten wurden, da der alte seinen Geist aufgegeben habe. Wir versprachen, in den nächsten Tagen Ersatz vorbeizubringen und gingen weiter. An der nächsten Tür öffnete uns eine Frau mit zwei Kindern die Tür. Wir wurden ebenfalls freundlich hereingebeten. Zu meiner großen Erleichterung sah es hier etwas besser aus. Die Frau lebte mit ihren Kindern alleine. Ihr Mann war verstorben. Zu dritt hatten sie zwei Zimmer zur Verfügung, die auf mich einen sauberen Eindruck machten.

Das nächste Zimmer wurde von vier Männern bewohnt. Zwei kamen aus Algerien, einer aus dem Iran und der vierte Bewohner stammte aus Syrien. Das Zimmer war ähnlich spartanisch eingerichtet wie das erste, welches wir in Augenschein genommen hatten. Auch hier war eine provisorische Küche vorhanden. Ich stellte es mir beklemmend vor, zu viert ohne jegliche Privatsphäre auf wenigen Quadratmetern zu hausen. Das Wort »wohnen« konnte ich mir in Anbetracht dieser Umstände beim besten Willen nicht abringen. War das der »Luxus«, von dem immer wieder zu hören war?

Natürlich war diese Unterbringung besser, als von einer Bombe getötet zu werden, aber hätte man dort eine deutsche Familie untergebracht, hätte es wahrscheinlich keine Woche gedauert und der Vermieter hätte es mit dem Mieterschutzbund zu tun bekommen.

Die anderen Zimmer sahen leider nicht besser aus. Am schlimmsten war allerdings das »Gemeinschaftsbadezimmer«. Es bestand aus einer alten Dusche, einer Toilette und einem Waschbecken. Die Fliesen an den Wänden hatten ebenfalls schon bessere Zeiten gesehen und an der Decke hatte sich der Schimmel breitgemacht. Kein Wunder, denn in dem ungefähr vier Quadratmeter großen Raum gab es kein Fenster.

Ich stellte mir die Frage, wann das Bad wohl zum letzten Mal geputzt worden war. Es schien lange her zu sein.

Auf meine Frage, wo denn die Flüchtlinge ihre Wäsche waschen würden, erklärte man mir, dass sie im Keller zwei Waschmaschinen zur Verfügung hätten. – Zwei Waschmaschinen für knapp fünfzig Menschen? Ich konnte mir nicht vorstellen, dass das funktionierte.

Als wir nach einer Stunde die Unterkunft verließen, brummte mir der Kopf. Ich hatte fast schon ein schlechtes Gewissen, in mein schönes und gemütliches Zuhause zu fahren. Dort angekommen dachte ich ausgiebig nach.

Woher nahm unsere Bundeskanzlerin die Zuversicht, immer wieder zu behaupten, dass wir die Asylkrise meistern würden? Wusste sie denn nicht, wie die Menschen, die hier Zuflucht suchten, leben mussten?

Als mein knapp zwanzigjähriger Sohn später nach Hause kam, spürte er sofort, dass mich etwas beschäftigte und ich erzählte ihm von meinem Besuch in der Flüchtlingsunterkunft.

»Ja, wusstest du denn nicht, wie die Menschen untergebracht sind?«, fragte er mich erstaunt, was ich mit einem

Kopfschütteln verneinte. Daraufhin erzählte er mir von einer Container-Siedlung, die sich nur wenige Meter neben seinem Arbeitsplatz befand. Mein Sohn arbeitet knapp zwanzig Kilometer von unserem Wohnort entfernt im großmütterlichen Unternehmen als Bestatter. Er besitzt einen Hund, den er meist mit zur Arbeit nimmt. Die Mittagspause nutzt er für Spaziergänge mit seinem geliebten Boxerrüden. Dabei kommt er auch fast täglich an dieser Container-Anlage vorbei.

Er erzählte mir, dass die Anlage in einem schrecklichen Zustand sei. Als die Wohncontainer noch neu waren, sah alles ganz ordentlich aus, aber mit jedem Tag, der verging, konnte man zusehen, wie sich die Zustände verschlechterten. Herausgerissene Rollläden, überall Müll und Dreck und oft ein fürchterlicher Gestank, berichtete er mir.

Verständnislos schüttelte ich den Kopf. Soweit ich mich erinnern konnte, befand sich auf diesem Gelände doch ein riesiges Jugendzentrum.

Mein Sohn fragte mich erstaunt, ob ich denn nichts darüber in den Zeitungen gelesen habe? Und dann erklärte er mir, dass in dem Jugendzentrum nun ein Asylcafé untergebracht wurde und auf den Freiflächen, auf denen die Jugendlichen früher Sport getrieben hätten, nun eben die Container stehen würden. Der Sozialarbeiter würde nun die Flüchtlinge betreuen, denn seitdem würden sich keine Jugendlichen mehr dorthin verirren.

Ich war bass erstaunt, aber eine kurze Suche im Internet bestätigte die Aussagen meines Sohns. Ich fand rasch die entsprechenden Medienberichte.

Die Flüchtlinge seien aber ziemlich nett, fügte mein Sohn noch hinzu. Die meisten kämen aus dem Kosovo und würden mit einem Teil des Geldes, welches sie hier bekommen, ihre Familien in ihren Heimatländern unterstützen. Ein paar von ihnen würden ihn öfter beim Hundespaziergang begleiten, und da sie alle gut Englisch sprechen würden, sei die Verständigung kein Problem.

Ich beschloss, mir die Containersiedlung an einem der nächsten Tage selbst anzusehen. Meine Neugierde war geweckt. Gleichzeitig war ich aber auch entsetzt, dass man den einheimischen Jugendlichen offensichtlich ihr Freizeitzentrum genommen hatte. Immerhin wohnten wir ziemlich ländlich und gute Freizeitangebote für Jugendliche waren rar gesät.

Natürlich war es selbstverständlich, dass wir Menschen in Not halfen, aber dabei durften unseren Jugendlichen nicht ihre Freizeitmöglichkeiten genommen werden. Sicher hätte es auch eine andere Lösung gegeben, die Flüchtlinge gut unterzubringen. Mit solchen Maßnahmen schürte man doch geradezu den Groll, den mittlerweile viele Einwohner gegen die Flüchtlinge hegten.

Die Sache ließ mir keine Ruhe und so fuhr ich ein paar Tage später in die wenige Kilometer entfernte Kleinstadt, um mir selbst ein Bild von der Unterbringung der Asylsuchenden zu machen. Mein Sohn hatte nicht übertrieben. Wo früher Jugendliche in ihrer Freizeit Fußball oder Basketball gespielt hatten, standen nun Wohncontainer. Obwohl sie erst einige Monate alt waren, sahen sie aus, als ob ein Krieg über sie hinweggefegt wäre.

Die Rollläden waren teilweise mit roher Gewalt herausgerissen. Die Wände der Container waren mit Dreck verschmiert und auf dem Gelände lag überall Müll herum. Aus dem Inneren der Wohnbehältnisse drang eine Mischung aus lauter Musik und einem Stimmengewirr. Einen Moment lang überlegte ich, ob ich mich bemerkbar machen sollte, um das Gespräch mit den Flüchtlingen zu suchen. Aus einem Bauchgefühl heraus entschied ich mich aber dagegen.

Stattdessen machte ich mich auf den Heimweg und stoppte dabei noch an einer Gemeinschaftsunterkunft, die in einem Stadtteil meines Wohnortes lag. Es handelte sich hierbei um ein heruntergekommenes Mehrfamilienhaus, das noch um einiges schlimmer aussah als die Unterkunft, die ich vor ein paar Tagen in der Innenstadt besichtigt hatte. Überall standen kaputte Möbel herum und auf dem Rasen vor dem Haus lagen, offenbar schon länger, Kleidungsstücke. Sie waren zum Teil verfleckt und verschimmelt.

Die Treppe, die in das Innere des Hauses führte, sah riskant aus. Die Fliesen fehlten entweder ganz oder sie lagen nur noch lose auf. Die Fassade hatte auch schon bessere Tage gesehen, und an den Fenstern hingen an Stelle von Gardinen lediglich Betttücher und Decken.

Vor dem Haus standen mehrere Kinderwägen und es schüttelte mich bei dem Gedanken, dass in dieser Bruchbude offensichtlich Kinder untergebracht waren.

Zum ersten Mal stellte ich mir die Frage, warum all die Flüchtlinge unbedingt nach Deutschland wollten.

Auf diese Frage sollte ich schon bald eine Antwort bekommen!

4. Kapitel

Herausforderung Integration

Ein paar Tage, nachdem ich einige Flüchtlingsunterkünfte in Augenschein genommen hatte, sah ich eine Talkshow im Fernsehen, in der unsere Bundeskanzlerin zu Gast war. Mit einem zuversichtlichen Gesichtsausdruck erklärte sie der Moderatorin in kurzen Sätzen, warum sie der Meinung war, dass die vielen Flüchtlinge, die nach Deutschland strömten, kein Problem für unser Land darstellen würden. Sie betonte, dass es sich bei vielen dieser Menschen sogar um die dringend in Deutschland benötigten Fachkräfte handeln würde. Woher sie dieses Wissen nahm, war mir allerdings schleierhaft, da der größte Teil der Asylsuchenden ohne jegliche Papiere in Deutschland einreiste und darüber hinaus bis zu dem Zeitpunkt nur ein sehr kleiner Teil der Flüchtenden überhaupt registriert worden war.

Zwischendurch bekräftigte sie immer wieder, dass sie sich sicher sei, dass Deutschland die Flüchtlingskrise bewältigen würde. »Wir schaffen das!«, wiederholte sie fast gebetsmühlenartig.

Ich ließ meine Gedanken etwas über zwanzig Jahre zurückschweifen. Damals hatte ich vier Jahre lang mit einer türkisch-kurdischen Großfamilie in Deutschland zusammengelebt. Dadurch hatte ich das große Glück, ungefilterte Einblicke in unsere Parallelgesellschaft zu bekommen.

Ich lebte in einer nach außen hin modernen Familie, die in Deutschland angekommen zu sein schien. Sie nannten Baugeschäfte, Supermärkte, Gaststätten und Fitnessstudios ihr Eigen. Viele der jüngeren Familienmitglieder waren in Deutschland geboren und zur Schule gegangen und man hätte davon ausgehen können, dass sie mit unserer Kultur bestens vertraut waren.

Leider war dies aber nur der erste Eindruck. Ich musste damals schnell feststellen, dass eine stark verwurzelte muslimische Kultur und das fast schon krampfhafte Festhalten an alten Traditionen eine echte Integration nahezu unmöglich machten.

Die Familie gab sich nur nach außen hin weltoffen. Hinter den verschlossenen Türen wurden alle westlichen Traditionen und die christliche Kultur geradezu verteufelt.

Am Anfang dachte ich noch, dass ich einfach Pech gehabt und es mit einer der etwas rückständigeren Familien zu tun bekommen hatte, doch im Laufe der Jahre musste ich feststellen, dass die Integration unserer ausländischen Mitbürger auf der ganzen Linie gescheitert war.

Immer und immer wieder machte ich die Erfahrung, dass sich die Migranten nach außen hin angekommen und integriert gaben, aber in der Realität fast alles ablehnten, was auch nur im Entferntesten die westliche Kultur ausmachte.

Dies war eben nicht nur bei »meiner« Familie so, sondern auch bei den meisten anderen Familien, die ich im Laufe der letzten fünfundzwanzig Jahre kennenlernen durfte. Und das waren allein aufgrund meiner ehrenamtlichen Tätigkeit in der Gewaltberatung und in der Flüchtlingshilfe nicht wenige. Allerdings wunderte mich das auch nicht. Integrationshilfe war und ist in Deutschland Mangelware.

Zwar werden seit der Flüchtlingskrise plötzlich überall sehr verstärkt »Integrationskurse« angeboten und die Asylsuchenden dazu verpflichtet, solche Kurse zu besuchen. Die Qualität dieser Integrationskurse lässt allerdings teilweise zu wünschen übrig. Es gibt unzählige Bildungsträger, die solche Lehrgänge vor allem deswegen kurzfristig aus dem Boden gestampft haben, um auch etwas von den großzügigen Geldern abzubekommen, die vom Bund dafür zur Verfügung gestellt werden.

Der klassische Integrationskurs besteht aus 600 Stunden Sprachunterricht. An den Sprachkurs schließt sich ein sechzigstündiger Orientierungskurs an. In dieser Zeit beschäftigen sich die Teilnehmer mit der deutschen Kultur, Geschichte und Rechtsordnung. Sie lernen Wissenswertes über das Leben in Deutschland, das demokratische System und die Werte, die für uns von grundlegender Bedeutung sind.

Für mich haben diese Integrationskurse jedoch lediglich eine Alibi-Funktion, damit die amtierende Regierung den Bürgern suggerieren kann, dass man alles dafür tue, die Integration voranzutreiben und die Fehler der Vergangenheit nicht zu wiederholen. Der Besuch von Integrationskursen kann und wird indessen niemals ausreichen, um einen Menschen, der in ein völlig anderes Wertesystem hineingeboren wurde, hier in Deutschland nachhaltig zu integrieren. Die Anzahl von sechzig Stunden ist bestenfalls dafür geeignet, all die vorgenannten Themen kurz anzureißen. Damit sich die Flüchtlinge die Inhalte aber auch wirklich zu eigen machen können, bedarf es eines nachhaltigen Verfangens und einer weiterführenden Begleitung und die kann mit solchen Kursen niemals gegeben sein.

Das wirkliche Leben findet außerhalb dieser Kurse statt und muss in der Regel von den Flüchtlingen alleine bewältigt werden. Sobald sie in einer der Gemeinschaftsunterkünfte oder in einer Privatwohnung untergebracht sind, besteht die staatliche Betreuung nämlich nur noch aus sporadischen Besuchen von gestressten Sozialarbeitern und der Hilfe von uns Ehrenamtlern. Ohne die vielen Menschen, die sich in ihrer Freizeit für die vielen Flüchtlinge ohne jegliche Bezahlung engagieren, wäre das Chaos noch viel größer, als es ohnehin schon ist. Dass unsere Politiker vor diesem Hintergrund immer wieder behaupten, Deutschland würde es schaffen, die Flüchtlingssituation zu bewältigen, ist weitaus mehr als nur positiv gedacht.

Eine der vielen Fragen, die mich pausenlos beschäftigen, ist unter anderem, wie es möglich sein soll, für all diese Menschen bezahlbaren Wohnraum zur Verfügung zu stellen. Der Soziale Wohnungsbau ist in Deutschland schon seit vielen Jahren rückläufig. Das hat rein gar nichts mit der Flüchtlingskrise zu tun. Bereits im Jahr 2012 haben die Mieterverbände Alarm geschlagen und angeprangert, dass es in Deutschland ungefähr 825 000 Sozialwohnungen zu wenig gibt[1]. Die Bundesländer hatten im vergangenen Jahrzehnt die soziale Wohnraumförderung um fast 80 Prozent reduziert. Außerdem wächst die Zahl der Familien, die in Deutschland als »einkommensschwach« gelten, stetig an. Parallel dazu sind aber die Mieten und die Nebenkosten immer weiter angestiegen. Nun sind noch über eine Million Menschen zusätzlich nach Deutschland gekommen, die zum Großteil keine oder nur eine unzureichende Ausbildung haben und es dadurch schwer haben werden, einen Arbeitsplatz zu finden, der ihnen ein Einkommen über dem Existenzminimum sichert. Dies bedeutet, dass diese Menschen ebenfalls auf günstigen Wohnraum angewiesen sind.

Im Rahmen des Familiennachzugs wird die Zahl der Wohnungssuchenden weiter rasant ansteigen. Hochrechnungen besagen, dass jeder Flüchtling zwischen sechs und acht Familienangehörige nachholen wird. Das würde bedeuten, dass wir in Deutschland in den nächsten fünf Jahren jedes Jahr 400 000 neue Sozialwohnungen bauen müssten, um alle Menschen in Deutschland mit bezahlbarem Wohnraum zu versorgen. Dies würde jedoch Kosten im zweistelligen Milliardenbereich verursachen. Allerdings wurden im Bundeshaushalt 2016 keinerlei Mittel für den Sozialen Wohnungsbau berücksichtigt! Außerdem hat sich unsere Bundesregierung zu diesem Thema bisher kaum geäußert. Dabei ist guter Wohnraum ein wichtiger Baustein für eine gelungene Integration.

Weitere Parallelgesellschaften, wie sie in fast jeder größeren Stadt zu finden sind (die bekanntesten sind wohl in

---

1 Quelle: Pestel-Institut in Hannover

Berlin-Neukölln und in Duisburg-Marxloh), wird Deutschland nicht verkraften.

Allein in Berlin verzeichneten bereits im Jahr 2005 38 Schulen einen Ausländeranteil von über 80 Prozent. Als Gründe wurden der Geburtenrückgang bei deutschen Familien und der Geburtenzuwachs bei Migranten-Familien, angegeben.[2]

Dabei ist es für ausländische Kinder extrem wichtig, dass sie gemeinsam mit deutschen Schülern unterrichtet werden. Kinder sind in der Regel unvoreingenommen und neigen zur Nachahmung. Auch in den Pausen wird beim gemeinsamen Spielen die Sprachkompetenz gefördert. Verabredungen nach dem Unterricht und gemeinsame Freizeitaktivitäten bauen kulturelle Barrieren ab und schaffen gemeinschaftliche, positive Erlebnisse. All das ist der Grundstein für eine gelungene Integration. Parallelgesellschaften verhindern bisher aber genau das.

Auch bei den von mir betreuten Flüchtlingen ist es so, dass die Menschen eines Herkunftslandes gerne unter sich bleiben. Dabei sind in den Gemeinschaftsunterkünften fast immer mehrere Nationalitäten untergebracht, und obwohl es sich dabei sogar zum größten Teil um Muslime handelt und man annehmen könnte, dass dieser Glaube ein Bindeglied darstellt, ist es doch vornehmlich zu beobachten, dass Syrer ihre Zeit fast ausschließlich mit Syrern verbringen, Eritreer mit Eritreern und Afghanen mit Afghanen. Dabei sprechen sie meist alle ein hervorragendes Arabisch und könnten sich

---

2 Quelle: Schulsenator Klaus Böger

ohne Probleme verständigen. Wenn ich die Flüchtlinge frage, warum sie nur den Kontakt zu den eigenen Landsleuten pflegen, ernte ich oft nur ein Schulterzucken.

Anders ist es, wenn wir ein Fest planen, zu dem alle Flüchtlinge und die Einwohner unserer Stadt eingeladen sind. Dann gibt es seltsamerweise weniger Berührungsängste, auch wenn man die Asylsuchenden fast schon dazu überreden muss, an solchen Aktivitäten teilzunehmen. Frauen sind dabei meist besonders zurückhaltend. In den meisten Herkunftsländern ist es auch heute noch nicht üblich, dass Männer und Frauen gemeinsame Feste feiern (abgesehen von Hochzeiten und Beschneidungsfesten), und man spürt die große Unsicherheit, die von den Frauen und Männern ausgeht. Sie wissen, dass ihr Integrationswille gefordert ist, aber der unbefangene Umgang, der in Deutschland zwischen den Geschlechtern herrscht, ist völlig konträr zu ihrer Kultur und oft auch zu ihrer Religion.

Wer denkt, man müsse den Flüchtlingen nur die deutsche Sprache beibringen und ihnen eine Wohnung und einen Arbeitsplatz besorgen und damit würde die Integration nahezu automatisch erfolgen, unterliegt einem gefährlichen Irrglauben. Die größte Hürde ist die unterschiedliche Kultur und oft auch die Religion.

In den meisten Herkunftsländern ist der Islam vorherrschend. Diese Religion regelt nicht nur das tägliche Leben, sondern auch die strikt vorgegebene Gesellschaftsordnung und weite Teile der Politik. Die Menschen, die nun in der Hoffnung nach Deutschland kommen, dass sie sich hier ein neues Leben aufbauen können, haben ihr ganzes bisheriges

Leben nach dem Islam gelebt. Solange sie die Regeln des Korans befolgen, können sie sicher sein, sich in jeder Situation richtig zu verhalten. In unserer Kultur gelten allerdings völlig andere Regeln, und plötzlich ist das, was vorher zwingend vorgeschrieben war, völlig inakzeptabel.

Dem Lehrer ihrer Kinder die Hand zu geben, ist für Frauen in Deutschland genauso normal, wie im Sommer ein Spaghettiträger-Top und eine Shorts zu tragen. Dass Frauen unbefangen mit einem Mann sprechen und lachen, der nicht zu der eigenen Familie gehört, prägt unsere Gesellschaft ebenso wie die Gleichberechtigung von Männern und Frauen. Sich dieser Kultur anzupassen, ist für die meisten Flüchtlinge undenkbar. Es ist nicht so, dass sie integrationsunwillig wären, aber es widerspricht in fast allen Bereichen den Säulen, auf denen ihr eigenes Lebenskonzept basiert. Diese Barrieren sind mit kaum einem Integrationskurs zu überbrücken und sie sind es, die auch in der Vergangenheit eine echte Integration verhindert haben.

Bevor man also vollmundig verkündet, dass der Zuzug von weit über einer Million Menschen aus einem anderen Kulturkreis kein ernsthaftes und grundsätzliches Problem darstellt, sollte man einen detaillierten Plan vorlegen können, aus dem hervorgeht, dass die Fehler, die in der Vergangenheit gemacht wurden und eine Integration nachhaltig verhindert haben, sich nicht wiederholen werden. Solch ein Vorgehen würde für Transparenz sorgen und entscheidend dazu beitragen, der deutschen Bevölkerung ihre Ängste zu nehmen.

In meiner Flüchtlingsarbeit verwende ich sehr viel Zeit darauf, den Flüchtlingen die deutsche Kultur und Lebensart nahezubringen, aber nicht selten fühlt es sich für mich so an, als ob ich einem Fisch das Laufen beibringen möchte. Zu groß sind die Ängste, zu tief verwurzelt die Glaubensgrundsätze. Das zeigt sich schon bei den einfachen Dingen des Lebens. Besuche ich zum Beispiel eine muslimische Flüchtlingsfamilie und bin in Begleitung eines männlichen Flüchtlingshelfers, zieht sich die Frau sofort zurück, nachdem sie uns mit Getränken versorgt hat. Für sie ist es undenkbar, zusammen mit einem fremden Mann an einem Tisch zu sitzen. Wenn man Glück hat, hat sie einen aufgeschlossenen Ehemann, der den Hinweis, dass ein solches Verhalten in Deutschland nicht üblich ist, ernst nimmt und seine Frau auffordert, sich zu uns zu setzen. Ich bezweifele allerdings, dass man auf diese Weise die Integration auf breiter Basis vorantreiben kann. Das Unbehagen steht der Frau und auch dem Mann nämlich buchstäblich ins Gesicht geschrieben und die Frau schaut krampfhaft auf den Boden, um nur keinen Blickkontakt zu dem Flüchtlingshelfer zu bekommen. Ein solcher Blickkontakt könnte nämlich von ihrem Ehemann als Flirtversuch aufgefasst werden und zu ernsthaften Auseinandersetzungen zwischen den Eheleuten führen.

Auf der anderen Seite weigern sich viele muslimische Männer, einer deutschen Frau die Hand zur Begrüßung zu reichen. Dabei spielt es keine Rolle, ob es sich dabei um eine Ärztin oder um eine Deutschlehrerin handelt. Körperkontakt zwischen Mann und Frau ist in dieser Kultur und im Islam nur zwischen Familienangehörigen vorgesehen und erwünscht.

Auch der Umgang mit den Kindern ist ein komplett anderer. In Deutschland gehen die meisten Kinder, die sich im Kindergartenalter befinden, spätestens zwischen zwanzig und einundzwanzig Uhr zu Bett. In den muslimischen Ländern ist das anders. Dort dürfen die Kinder so lange aufbleiben, wie sie mögen, und in der Regel gehen sie zur selben Uhrzeit schlafen wie ihre Eltern. Dies ist zum einen durch die große Hitze begründet, die in den meisten Herkunftsländern herrscht und ein früheres Zubettgehen zur Qual machen würde, liegt aber in erster Linie an den dort gegebenen Familienstrukturen.

In der deutschen Kultur besteht eine Wohnung fast immer aus getrennten Kinder- und Elternschlafzimmern. In den Herkunftsländern der Flüchtlinge ist das anders. Dort leben selbst große Familien oft in maximal zwei Räumen zusammen. Das eine Zimmer wird als Wohnraum, Esszimmer und für Besucher genutzt und in dem anderen Zimmer schlafen alle Familienmitglieder gemeinsam.

Die meisten Muslime sind sehr gastfreundlich und pflegen einen engen Kontakt zu Freunden und ihrer Familie. Es vergeht selten ein Tag, an dem sie keinen Besuch bekommen. Die Kinder sind mitten im Geschehen, bis der Besuch sich verabschiedet hat und die Eltern zu Bett gehen.

Was also in den Herkunftsländern der Flüchtlinge völlig normal ist, führt in Deutschland oft zu Problemen, wenn zum Beispiel in einem Mehrfamilienhaus deutsche und ausländische Familien zusammenleben. Spät noch spielende Kinder tun dies nur selten leise, und so fühlen sich die deutschen Familien (oft zu Recht) in ihrer Ruhe gestört. Ein weiteres Problem besteht darin, dass die Kinder dann am nächsten Tag oft völlig übermüdet in der Kindertagesstätte oder der Schule erscheinen und unter einer ausgeprägten Konzentrationsschwäche leiden. Da all dies auf Dauer fast immer zu Beschwerden führt, leben die Migranten lieber mit Menschen unter einem Dach zusammen, die dieselbe Kultur haben wie sie selbst, sodass kein oder zumindest kaum Konfliktpotenzial vorhanden ist. Dies fördert dann allerdings wieder die vorhandenen Parallelgesellschaften und verhindert eine nachhaltige Integration.

Was viele als leicht zu überwindende Kulturbarrieren auffassen, hat bereits in der Vergangenheit immer wieder zu massiven Problemen geführt und sollte nicht mit einem naiven, die kulturellen Unterschiede quasi »weglächelnden« *Wir schaffen das!* bedacht werden. Damit ist weder den Flüchtlingen noch den deutschen Bürgern geholfen. Viel zu viele Menschen auf beiden Seiten leiden schon seit Jahren unter den Folgen der mangelnden Integration.

5. Kapitel

Wir brauchen viel mehr Fachkräfte!

Nachdem ich mich einige Zeit intensiv um eine Flüchtlingsfamilie gekümmert hatte, wurde ich gefragt, ob ich einigen Flüchtlingen die ersten Grundkenntnisse in der deutschen Sprache vermitteln wollte. Unsere Ehrenamtsagentur hatte schnell erkannt, dass das Erlernen der deutschen Sprache oberste Priorität haben musste, um überhaupt eine Integration in Gang zu bringen. Einige engagierte Menschen (darunter auch ehemalige Lehrer) trafen sich seitdem mit interessierten Flüchtlingen in den Gemeinschaftsunterkünften, um dort gemeinsam zu lernen. Das Angebot war freiwillig und es hatte keinerlei Konsequenzen für die Flüchtlinge, wenn sie dem Unterricht fernblieben.

Spontan sagte ich zu. Gute Kenntnisse in Deutsch gehören ja quasi zu meinem Beruf als Autorin, und ich konnte mir vorstellen, dass es mir Spaß machen würde, den Migranten erste Sprachkenntnisse zu vermitteln, die es ihnen ermöglichen würden, sich schneller in Deutschland zurechtzufinden, und sie damit auch etwas unabhängiger von der Hilfe anderer zu machen.

Wie bereits angesprochen, ist das ein zentraler Aspekt. Denn nach dem Umzug von einer der Erstaufnahmeeinrichtungen in eine Gemeinschaftsunterkunft sind die Flüchtlinge sehr schnell auf sich alleine gestellt. Zumindest was die Betreuung durch bezahlte Fachkräfte angeht.

Auch in diesem Fall waren wir Ehrenamtlichen es, die die Asylsuchenden zu allen Terminen begleiteten, Briefe übersetzten, Anträge stellten und Praktikumsplätze organisierten. All diese Unterstützung war dringend notwendig, solange noch keine oder nur mangelnde Deutschkenntnisse bei den Flüchtlingen vorhanden waren.

Eine Frau, die sich ebenfalls sehr in der Flüchtlingshilfe engagierte, bot sich an, den Unterricht mit mir gemeinsam zu gestalten.

Vor unserer ersten Unterrichtsstunde trafen wir uns in einem Café, um uns eine Strategie zurechtzulegen und den Unterrichtsaufbau festzulegen. Für uns beide war es unser Debüt als Deutschlehrerinnen. Umso gewissenhafter wollten wir uns vorbereiten.

Ein paar Tage später war es so weit und wir betraten den Raum in der Gemeinschaftsunterkunft, der sonst von dem Hausmeister als Besprechungsraum genutzt wurde. Der Zustand war kaum besser als der Rest der Unterkunft. An den Wänden hing eine verfleckte Raufasertapete und die Möblierung bestand aus ein paar einfachen, weißen Tischen und etlichen Klappstühlen, die ihre besten Jahre schon lange hinter sich hatten. Es erschien mir schon fast abenteuerlich, auf ihnen Platz zu nehmen. Sie waren so marode, dass ich befürchtete, schon die geringste Belastung würde sie in die Knie zwingen.

An der Wand stand eine fahrbare Tafel, die ebenfalls uralt zu sein schien. Aus dem satten Tafelgrün war mittlerweile ein stumpfes Grau geworden, und bei dem Versuch, mit einem Stück Kreide den Wochentag und das Datum auf die Tafel zu schreiben, scheiterte ich fast kläglich. Man musste sehr genau hinsehen, um das Geschriebene entziffern zu können. Mir entfuhr ein tiefer Seufzer und der Blick meiner Kollegin aus der Flüchtlingshilfe sagte mir, dass sie über den Zustand des Raumes ebenso wenig erfreut war wie ich.

Wir bauten uns mit einem Tisch eine Art Lehrerpult und nahmen Platz. Ein Blick auf die Uhr sagte mir, dass wir bereits vor fünf Minuten mit dem Unterricht hätten beginnen sollen, aber noch war weit und breit kein einziger Schüler in Sicht. Es sollten noch weitere fünf Minuten vergehen, bevor ein junger Mann mit einem Bündel Papier und einem Ordner unter dem Arm zaghaft seinen Kopf zur Tür hineinstreckte. Wir begrüßten ihn freundlich und baten ihn, Platz zu nehmen. Wir dachten schon, dass er unser einziger Schüler bleiben würde, als sich der provisorische Klassenraum nach und nach füllte.

Der Unterricht sollte um 18 Uhr beginnen und um 19 Uhr 30 zu Ende sein. Die letzten Flüchtlinge kamen ungefähr fünfzehn Minuten vor Unterrichtsschluss. Dadurch war eine ständige Unruhe in dem kleinen Raum, die es fast unmöglich machte, sich zu konzentrieren. Kurz vor Ende des Unterrichts tummelten sich ungefähr fünfzehn Menschen aus Eritrea, Syrien, dem Iran und aus Afghanistan in dem kleinen Zimmer. Zu meiner großen Freude war sogar eine Frau dabei. Eigentlich hatte ich aber mit mehr Schülern gerechnet, da in der Gemeinschaftsunterkunft weit über vierzig Asylsuchende untergebracht waren.

Es war mir auch unverständlich, warum sich viele der Flüchtlinge um teilweise mehr als eine Stunde verspäteten. Im Gegensatz zu mir und meiner Kollegin hatten sie keinen Anfahrtsweg, der sie zusätzliche Zeit gekostet hätte. Da der Unterricht in ihrer Unterkunft stattfand, mussten sie lediglich eine Treppe nach oben gehen.

Trotzdem kommentierte ich dieses Verhalten zunächst nicht, sondern beschloss, den nächsten Unterricht abzuwarten, um zu sehen, ob dieses Verhalten am ersten Tag eine Ausnahme war oder ob sich unsere Schüler prinzipiell verspäteten.

Es kristallisierte sich auch sehr schnell heraus, dass wir es offensichtlich mit zwei Arten von Menschen zu tun hatten. Diejenigen, die einigermaßen pünktlich zum Unterricht erschienen waren, schienen eifrig bei der Sache zu sein und sogen jedes neue deutsche Wort, das wir ihnen beibrachten, auf wie ein Schwamm. Sie notierten sich alles fein säuberlich auf den mitgebrachten Zetteln und es machte Spaß zuzusehen, wie sie sich bemühten, möglichst viel zu lernen. Die anderen saßen eher mit gelangweilten Gesichtsausdrücken auf ihren Stühlen und tippten auf ihren Handys herum.

Nachdem ich dies eine Weile beobachtet hatte, stand ich auf und nahm einem der Flüchtlinge sein Mobiltelefon aus der Hand und legte es vor ihm auf den Tisch. Ich bat ihn auf Englisch, sein Telefon während des Unterrichts nicht zu benutzen, da er sich sonst nicht auf das Lernen konzentrieren könne. Ich erntete einen erstaunten Blick und rechnete mit heftiger Gegenwehr. Die blieb allerdings aus. Er schenkte mir stattdessen ein verschmitztes Lächeln und nickte mir freundlich zu. Ich drehte mich zu den anderen Schülern um und erklärte ihnen, dass für sie das Gleiche gelten würde. Ohne nennenswerte Proteste ließen sie daraufhin ihre Telefone in den Hosentaschen verschwinden.

Solche Szenen sollten sich in den nachfolgenden Wochen noch oft wiederholen. Es lief immer nach dem gleichen Schema ab. Eine kleine Gruppe, bestehend aus fünf bis sechs Flüchtlingen, erschien nahezu pünktlich zum Unterricht und arbeitete hochmotiviert mit, was sich sehr schnell dahingehend bemerkbar machte, dass sich ihr Deutsch beständig verbesserte. Die restlichen fünf bis zehn Leute (die Zahl schwankte immer stark) erschienen offensichtlich dann, wenn sie Lust dazu hatten. Eigentlich war es den ganzen Unterricht über so, dass es an der Tür klopfte und ein Schüler grinsend in den Unterrichtsraum kam. Wenn ich dann fragte, warum er erst so spät zum Deutschunterricht erschien, erntete ich meist nur ein gelangweiltes Schulterzucken, bevor er sich auf einem freien Platz niederließ und seinen Sitznachbarn auf Arabisch oder Englisch fragte, was wir gerade machen würden.

Diejenigen Schüler, die den Unterricht schwänzten, begegneten mir dann oft auf meinem Nachhauseweg. Sie waren meist in Gruppen unterwegs und wenn sie mich sahen, winkten sie mir fröhlich zu. Sie schienen sich gar nicht darüber bewusst zu sein, dass es mich ärgerte, wenn ich ihnen meine Freizeit zur Verfügung stellte, damit sie die deutsche Sprache erlernen konnten, und sie es vorzogen, einen Stadtbummel zu machen.

Ich gönnte den Flüchtlingen natürlich jede Abwechslung, aber es war für mich nicht einzusehen, warum dies ausgerechnet in den anderthalb Stunden stattfinden musste, in denen sie etwas hätten lernen können. Zumal sie nicht in Verpflichtungen untergingen und Zeit im Überfluss hatten (dass die ganze Situation oft schwer zu ertragen ist, steht wieder auf einem anderen Blatt, aber daran, die deutsche Sprache zu lernen, führt kein Weg vorbei, wenn sie eine Grundlage haben wollen).

Ein paar Wochen später hatten wir eine Versammlung, zu der alle ehrenamtlichen Deutschlehrer eingeladen waren. Nach dem üblichen Small Talk und Erfahrungsaustausch wurden wir gefragt, ob es im Unterricht irgendwelche Probleme gebe. Ich beschloss, die Chance zu nutzen und meinem Unmut über die Unpünktlichkeit der Flüchtlinge Luft zu machen. Nachdem ich in der Runde von ungefähr acht Deutschlehrern über mein Problem berichtet hatte, herrschte erst mal Schweigen und alle sahen sich an. Einen kurzen Moment lang beschlich mich das Gefühl, dass ich womöglich etwas Falsches gesagt hatte. Der Leiter unserer Versammlung, der ebenfalls Flüchtlinge in Deutsch unterrichtete, sagte schließlich, dieses Problem sei ihm durchaus bekannt, und nickte mir wohlwollend zu. Ob ich eine Lösung wisse, fragte er mich.

Ja, die hatte ich in der Tat. Ich hatte mir tagelang den Kopf zerbrochen, wie ich es anstellen konnte, die Flüchtlinge zur Pünktlichkeit anzuregen, und hatte mir vorgenommen, zukünftig fünfzehn Minuten nach Unterrichtsbeginn die Tür abzuschließen und auf diese Weise zu gewährleisten, dass die Schüler, die immer pünktlich waren und etwas lernen wollten, dies auch in Ruhe tun konnten und nicht durch die notorischen Zuspätkommer ständig gestört wurden. Sie litten nämlich richtiggehend darunter – und taten das auch lautstark kund –, wenn sie mitten im Arbeiten und Lernen unterbrochen wurden, indem jemand sie nach einem Stift, Papier oder dem Unterrichtsstoff fragte, weil die nachkommenden Schüler meist nicht nur zu spät, sondern auch völlig unvorbereitet zum Unterricht erschienen.

Als ich diesen Gedanken laut aussprach, erntete ich sofort wahre Entrüstungsstürme von zwei älteren Damen. Wie ich auf solch einen absurden Gedanken kommen könne, wurde ich gefragt. Wenn ich die Schüler nicht mehr in den Unterrichtsraum ließe, dann würden sie ja die Unterrichtseinheit verpassen. Mein Argument, dass sie die sowieso verpassen würden, wenn sie über eine Stunde zu spät zum Unterricht erschienen, ließen die zwei Ehrenamtler nicht gelten. Es sei immerhin besser, sie würden eine halbe Stunde des Unterrichts mitbekommen, als gar nichts, versicherten sie mir zweistimmig. Ich konnte in Anbetracht einer solchen Ignoranz nur mit dem Kopf schütteln.

Außerdem könne es ja gute Gründe geben, warum die Flüchtlinge zu spät zum Unterricht erscheinen würden. Bei ihr sei letztens auch ein Schüler dem Unterricht ferngeblieben und als sie ihn später in der Stadt in einem Café sah, habe er ihr erzählt, dass er leider nicht kommen konnte, weil er einen Kühlschrank abgeholt habe. Meine Frage, warum er diesen Kühlschrank ausgerechnet während der anderthalb Stunden Deutschunterricht in der Woche holen musste, überhörten sie geflissentlich.

Das letzte hanebüchene Argument, welches die beiden Damen vorbrachten, war die Fastenzeit. Während der Fastenzeit könne man nicht erwarten, dass die Flüchtlinge zum Deutschunterricht erscheinen würden.

Ich ließ sie wissen, dass die Fastenzeit in diesem Jahr im Juni beginnen würde und wir jetzt Januar hätten. Außerdem sei ich ebenfalls Muslimin und würde auch fasten, was mich aber nicht davon befreien würde, meiner geregelten Arbeit und meinen Verpflichtungen nachzugehen. Außerdem würde der Unterricht nicht in die Zeit des Fastenbrechens fallen. Wo ist also das Problem? Ich fragte meine Mitstreiterinnen, ob sie wirklich glauben würden, dass in den muslimischen Ländern während der Fastenzeit kein Mensch arbeiten würde?

Als ich erwähnte, dass ich ebenfalls Muslimin bin, schauten sie mich zunächst völlig erstaunt an, um dann eingeschnappt ihre Lippen zusammenzukneifen und demonstrativ in eine andere Richtung zu schauen.

Diese erstaunten Blicke kannte ich zu genüge. Die meisten Menschen dachten bei einer Muslimin eher an eine Kopftuch tragende Frau. Mit meinen langen blonden Haaren passte ich da nicht in das Bild, welches sie von einer Frau hatten, die dieser Religion angehörte.

Ich hatte die Entscheidung, die Religion zu wechseln schon vor einigen Jahren getroffen. Während der Zeit, in der ich mit meinem türkischen Expartner und seiner Familie zusammengelebt hatte, war ich regelmäßig in der Moschee gewesen. Ich habe mich dort von Anfang an wohler und besser aufgehoben gefühlt als in jeder Kirche, die ich bis zu diesem Zeitpunkt betreten hatte.

Mein damaliger Partner und seine Familie haben mich stets zu einem Übertritt zum Islam gedrängt, aber ich konnte mich dem erfolgreich entziehen. Denn solch eine zentrale Entscheidung sollte ein Mensch aus freien Stücken fällen und nicht, weil andere das gerne möchten.

Ich bin dann einige Jahre später zum Islam konvertiert.

Zuvor habe ich den Koran regelrecht studiert, um mir auch wirklich ein umfassendes Bild dieser Religion – fernab von jeglichem Radikalismus – machen zu können. Dies hat mich darin bestätigt, dass der Koran durch teilweise sehr widersprüchliche Aussagen viel Raum für Spekulationen und Auslegung bietet. Es liegt aber an jedem selbst, ob er die positive oder die negative Auslegung wählt, und ich habe mich für die positive entschieden.

Ich hatte allerdings nicht die geringste Lust, dies den beiden Deutschlehrerinnen zu erklären, und war dankbar, als der Versammlungsleiter schließlich ein Machtwort sprach.

Er bekräftigte meinen Vorschlag und gab die Empfehlung ab, dass alle Deutschlehrer eine Viertelstunde nach Unterrichtsbeginn die Türen schließen sollten, um einen ruhigen Unterrichtsablauf zu gewährleisten.

Leider gibt es viele Menschen in der Flüchtlingshilfe, die so denken wie die beiden älteren Damen. Sie verstehen nicht, dass man den Flüchtlingen nicht hilft, wenn man bei jeglichem Fehlverhalten nach Entschuldigungen sucht.

Der Deutschunterricht ist eine der ersten terminlichen Verpflichtungen, den die Asylsuchenden wahrzunehmen haben. Wenn wir Flüchtlingshelfer den Menschen vermitteln, dass es völlig in Ordnung ist, wenn sie über eine Stunde zu spät kommen, setzen wir das falsche Signal und wir brauchen uns in der Folge nicht zu wundern, wenn diese Menschen auch zu spät zu Arztterminen oder Vorstellungsgesprächen erscheinen. Sie müssen ja zwangsläufig der Meinung sein, dass Pünktlichkeit in Deutschland nicht allzu wichtig ist.

Leider sind mir im Verlauf meiner Tätigkeit als Flüchtlingshelferin sehr viele Menschen begegnet, die ständig nach Entschuldigungen für das Fehlverhalten der Migranten suchen, anstatt die Menschen auf die begangenen Fehler aufmerksam zu machen und ihnen zu zeigen, wie sie es besser machen können. Solche Diskussionen muss ich oft führen. Viel zu oft. Als es in unserer Kleinstadt zu den ersten Ladendiebstählen kam, die durch Flüchtlinge verübt wurden, gab es tatsächlich wiederum eine ganze Menge Leute, die selbst für diese Vorfälle eine Erklärung lieferten und die Flüchtlinge von jeder Schuld freisprachen.

Man müsse sich ja nicht wundern, dass die Asylsuchenden stehlen würden. Schließlich kämen sie aus armen Ländern und würden sehen, dass wir hier alles im Überfluss hätten. Da sei es nur naheliegend, dass sie sich bedienten, und die Geschäfte müssten sich nicht derart darüber aufregen. Schließlich seien sie doch sicher gegen Diebstahl versichert.

Ich kann mir bei so einer Argumentation nur vor die Stirn schlagen. Wenn ich in solchen Diskussionen die Bemerkung fallen ließ, dass die Flüchtlinge zum größten Teil aus sehr zivilisierten Gegenden kommen, es dort genau wie bei uns auch Supermärkte und jede Menge Geschäfte gibt und Diebstahl gerade in den muslimischen Ländern sehr hart bestraft wird, erntete ich erstaunte Blicke. Ich habe das Gefühl, dass sich viele Flüchtlingshelfer überhaupt nicht oder nur unzureichend über die Herkunftsländer der asylsuchenden Menschen informieren. Dabei wäre es so wichtig, möglichst viel über die Kultur, die Bräuche und Gewohnheiten der Menschen zu wissen, denen man schließlich helfen möchte.

Meine Erfahrung in der Flüchtlingshilfe hat mich mittlerweile zu dem Entschluss kommen lassen, dass ein nicht unerheblicher Teil der Flüchtlingshelfer eine vernünftige Integration eher behindert, anstatt sie zu fördern. Diese These kann ich mit zahlreichen Beispielen untermauern.

Wir ehrenamtlichen Helfer haben es uns zur Gewohnheit gemacht, in regelmäßigen Abständen einen Rundgang durch die Gemeinschaftsunterkünfte zu machen und die Flüchtlinge zu fragen, ob alles in Ordnung sei oder ob sie Hilfe benötigen würden. Bei einem dieser Rundgänge fiel mir auf, dass dieselben Bewohner, die schon einige Wochen zuvor Ersatz erhalten hatten, erneut um einen Wasserkocher baten. Auf meine Frage, warum sie denn schon wieder einen neuen benötigen würden, wo wir doch erst vor Kurzem ein solches Gerät vorbeigebracht hätten, erntete ich lediglich ein Schulterzucken. Einer der anwesenden Flüchtlingshelfer klärte mich dann auf, dass dies nun schon der vierte Wasserkocher in fünf Monaten sei, und er wisse auch nicht, was die Flüchtlinge damit machen würden, dass die Geräte immer so schnell kaputt gingen.

Anstatt also dem Problem auf den Grund zu gehen und den Flüchtlingen den richtigen Umgang mit diesem Gerät zu erklären, wurden klaglos vier nagelneue Wasserkocher gekauft und den Flüchtlingen übergeben. Natürlich verstärkt eine derartige Vorgehensweise das Bild, das viele Asylsuchende von Deutschland haben. Dass wir hier nämlich alles im Überfluss haben und es für uns keinerlei Problem darstellt, kaputte Dinge alsbald durch neue zu ersetzen.

In brauchte genau zwei Minuten, um dem Problem auf den Grund zu gehen. In einem kurzen Gespräch mit einem der Zimmerbewohner stellte sich heraus, dass sie den Wasserkocher in der Hauptsache dazu benutzten, um Reis und Nudeln darin zu kochen. Als ich ihnen erklärte, dass er dafür nicht geeignet sei und dass sie nur dann ein neues Gerät bekämen, wenn sie es ausschließlich dafür benutzen, wofür es auch gedacht sei, erntete ich erstaunte Blicke.

Meine Ankündigung, dass sie sich zukünftig an jedem weiteren Wasserkocher mit der Hälfte des Kaufpreises beteiligen müssten, wirkte wahre Wunder. Sie gingen sorgsam mit dem neuen Gerät um und wir wurden nicht wieder um einen neuen Wasserkocher gebeten.

Als ich ein weiteres Zimmer betrat, das von vier Flüchtlingen bewohnt wurde, fielen mir als Erstes die ungewöhnlich hohe Raumtemperatur und ein unangenehmer Geruch von irgendetwas Verbranntem auf. Ich ließ meinen Blick schweifen und hatte die Ursache rasch gefunden: Alle vier Platten des Elektroherds waren auf voller Stufe in Betrieb. Allerdings stand kein einziger Kochtopf darauf. Auf meine Frage, warum der Herd denn in Betrieb sei, obwohl doch offensichtlich niemand kochen würde, bekam ich zur Antwort, dass man das Zimmer beheizen würde. Ich fragte die Bewohner, ob ihnen denn niemand den Umgang mit der

Heizung gezeigt habe, was sie verneinten. Ich erklärte ihnen, wie sie die Heizkörper in Betrieb nehmen konnten, und sie bedankten sich herzlich.

Bei diesen Rundgängen wurden wir auch regelmäßig danach gefragt, ob wir nicht bei der Beschaffung von Wohnraum behilflich sein könnten. Diese Frage bereitet mir meistens leichte Bauchschmerzen, denn sie endet regelmäßig in einer unschönen Diskussion.

Ich lebe in einer Kleinstadt mit etwa 22 000 Einwohnern. Zu unserer Stadt zählen mehrere kleine Stadtteile, die einen dörflichen Charakter und eine ländliche Struktur aufweisen. Dort ist natürlich eher freier Wohnraum zu bekommen als in unserem Stadtkern. Leider wollen die Flüchtlinge aber fast alle direkt in der Stadt wohnen und lehnen die freien Wohnungen in den Stadtteilen oft mit der Begründung ab, dass sie dann ja mit dem Bus oder dem Fahrrad fahren müssten, um Einkäufe zu erledigen oder Freunde zu besuchen.

Wenn ich also wieder einmal eine Diskussion darüber führe, dass wir eben in der Stadtmitte nur über einen begrenzten Wohnraum verfügen und ich es nicht als Problem sehe, drei Kilometer mit dem Bus oder Fahrrad zu fahren, wandern meine Gedanken oft zu meiner ukrainischen Nachbarin, die seit sechzehn Jahren in Deutschland in einer Zweizimmerwohnung lebt, die gerade mal über 48 Quadratmeter Wohnraum verfügt. Sie sucht seit Jahren verzweifelt eine Wohnung für sich und ihre zwei Kinder, die mit einem Altersunterschied von zwölf Jahren einfach zu weit auseinanderliegen, als dass man sie in einem gemeinsamen Zimmer unterbringen könnte. Darüber hinaus handelt es sich um einen Jungen und ein

Mädchen, die völlig unterschiedliche Interessen haben. Da ihre Tochter das Gymnasium und ihr Sohn den Kindergarten besucht, wäre sie dringend auf eine bezahlbare Wohnung in Innenstadtnähe angewiesen, aber so sehr sie bisher auch suchte, sie fand keine bezahlbare Dreizimmerwohnung.

Wenn ich dann mitbekomme, dass es etliche Flüchtlingshelfer gibt, die für den Wunsch der Flüchtlinge, ausschließlich in Innenstadtlage leben zu wollen, nicht nur vollstes Verständnis aufbringen, sondern sie auch noch in diesem Wunsch bestärken, komme ich aus dem Kopfschütteln nicht mehr raus.

Diese Beispiele zeigen eindeutig, dass es hier an professionellen Flüchtlingshelfern fehlt, die so dringend notwendig wären, um den Asylsuchenden einen möglichst guten Start in Deutschland zu ermöglichen.

Ehrenamtliche Flüchtlingshelfer sind oft von Emotionen geleitet, die es unmöglich machen, einen zwar freundschaftlichen, aber doch distanzierten Kontakt zu den Hilfebedürftigen aufzubauen. Das geht teilweise so weit, dass aus den Hilfsbedürftigen plötzlich Helfende werden, bei denen sich alleinstehende, ältere Flüchtlingshelfer regelmäßig zum Essen einladen. Das ist natürlich keine Basis und entbehrt jeglicher Professionalität. Zum einen verfügen die Flüchtlinge über wenig Geld und können es sich nicht leisten, eine weitere Person regelmäßig zu verkosten, und zum anderen ist das nicht der Sinn der Flüchtlingshilfe. Es wird schwer, einen Flüchtling auf ein Fehlverhalten hinzuweisen, wenn ich mich als Flüchtlingshelfer regelmäßig an seinen Tisch setze und mich bekochen lasse.

Allerdings muss man auch klar sagen, dass das Chaos ohne die vielen ehrenamtlichen Helfer noch weitaus größer wäre, da die wenigen bezahlten Kräfte noch nicht einmal im Ansatz ausreichen, den vielen in Deutschland lebenden Flüchtlingen zu helfen. Diese Tatsache ärgert mich persönlich sehr.

Ehrenamtlich zu helfen ist gut und richtig. Der Allgemeinheit etwas Gutes zu tun und dadurch maßgeblich dazu beizutragen, dass das gesellschaftliche Leben funktioniert, ist etwas Wertvolles, das eigentlich noch viel mehr Menschen leisten sollten.

Einen Flüchtlingszustrom dieser Größe allerdings fast ausschließlich in die Hände von hilfsbereiten Menschen zu legen, denen es zwar nicht an gutem Willen mangelt, bei der Integration behilflich zu sein, die aber in der Regel nicht über die fachliche Kompetenz verfügen, um wirkliche Integrationshilfe zu leisten, ist schlichtweg gefährlich.

Dies ist einer der Hauptgründe, warum ich der Meinung bin, dass Deutschland an dieser Flüchtlingskrise scheitern wird und wir es nicht schaffen können.

6. Kapitel

Falsche Hoffnungen und die Märchen der Schleuser

Aufgrund meiner zahlreichen Kontakte in den sozialen Netzwerken bekomme ich fast täglich viele Nachrichten von Menschen, die wie ich als Flüchtlingshelfer tätig sind oder die als Sicherheitsmitarbeiter in den Unterkünften arbeiten.

Am Anfang war die Euphorie bei den meisten größer als die Bedenken, ob sich unser Land nicht vielleicht doch damit übernehmen könnte, so viele Menschen in so kurzer Zeit aufzunehmen. Wenn ich dann meine Bedenken äußerte und bezweifelte, ob wir all die Menschen hier wirklich integrieren und zu Mitgliedern unserer Gesellschaft machen können, bekam ich oft zur Antwort, dass ich alles zu schwarz malen würde. Die Menschen seien schließlich vor dem sicheren Tod geflohen und einfach nur froh, dass sie hier in Sicherheit sind.

Nachdem die ersten Flüchtlinge damit begonnen hatten, in den Erstaufnahmeunterkünften gegen ihre Unterbringung zu protestieren oder sich teilweise sogar weigerten, ihre Unterkünfte überhaupt zu beziehen, oder gar in den Hungerstreik traten, wendete sich das Blatt. Plötzlich waren viele Helfer entrüstet. Wie konnten sich die Flüchtlinge erdreisten, die angebotene Hilfe mit Füßen zu treten, anstatt dankbar zu sein, war der Tenor der Reaktionen, die mich nun erreichten.

Ja, wie konnten sie nur? Nachdem ich zufällig als eine der Ersten vor Ort war, als die Flüchtlinge in unserer Kleinstadt, nur eine Woche nachdem sie ihre Zimmer in der frisch renovierten Kaserne bezogen hatten, in der Innenstadt für ihre Rechte demonstrierten, drängte sich mir diese Frage ebenfalls auf.

Über ein Jahr hatten die aufwendigen Renovierungsarbeiten auf dem weitläufigen Kasernengelände gedauert. Das Ergebnis konnte sich sehen lassen. Unzählige Familienunterkünfte und etliche Mehrbettzimmer waren entstanden. Obwohl es einen riesigen Speisesaal gab, in dem die Bewohner mit Hilfe eines großen Catering-Unternehmens mit warmen Mahlzeiten versorgt wurden, war dennoch jede Wohnetage mit einer großen Gemeinschaftsküche ausgestattet worden und jedes Zimmer hatte neben neuen Etagenbetten, Schränken, einem Tisch und Stühlen auch einen nagelneuen Kühlschrank als Standardeinrichtung bekommen. Außerdem gibt es auf dem Areal ein modern ausgestattetes medizinisches Versorgungszentrum und einen liebevoll eingerichteten Kindergarten. Auf dem ausgedehnten Außengelände gibt es überdies einen Fußball- und einen Basketball-Platz und weitläufige Wege laden zu einem Spaziergang ein.

Die ehrenamtlichen Helfer haben dort eigens für sie einge-
richtete Büroräume, sodass fast immer Ansprechpartner vor
Ort sind, um den Flüchtlingen bei den kleinen und großen
Problemen des Alltags zu helfen.

Der Betreiber der Erstaufnahmeeinrichtung hatte wirklich
alles getan, damit die Menschen, die dort ein Zuhause auf
Zeit finden sollen, sich trotz der Tatsache, dass sie sich in
einer großen Gemeinschaftsunterkunft befinden, einigermaßen wohl fühlen können.

Immerhin waren dort vorher viele Jahre lang Soldaten untergebracht, die sich dort ebenfalls mit Hunderten ihrer Mit-
soldaten nicht nur die Gemeinschaftsräume, sondern auch
die Schlafzimmer teilen mussten. In all den Jahren, in denen
die Kaserne in Betrieb gewesen war, hatte es nie Probleme
gegeben und die amerikanischen Soldaten waren in unserer
Kleinstadt gerne gesehen und voll in das gesellschaftliche
Leben integriert.

Viele Bewohner unserer Stadt vermissen heute noch den
Klang der Fanfare, der die Soldaten jeden Morgen um dieselbe Uhrzeit geweckt hat und der weit über das Kaserngen-
lände hinaus zu hören war. Und als die Militärangehörigen
auf andere Stützpunkte verteilt und die Kaserne geschlossen wurde, flossen viele Tränen. Mit den Jahren hatten sich
Freundschaften zwischen den Bewohnern unserer Stadt und
den Militärangehörigen entwickelt, die teilweise heute noch
Bestand haben, obwohl die meisten der Soldaten mittlerweile wieder in ihrem Heimatland sind.

Nachdem bekannt wurde, dass auf dem ehemaligen Kasernengelände eine Erstaufnahmeunterkunft entstehen wür-

de, waren die Meinungen der Bürger zweigeteilt. Viele Menschen hatten Angst, wie das Zusammenleben mit Menschen, die aus einem völlig anderen Kulturkreis stammen, funktionieren würde, aber der überwiegende Teil nahm die Nachricht gelassen auf. Aufgrund der guten Erfahrung, die sie mit den amerikanischen Soldaten gemacht hatten, dachten sie wohl, dass es mit den Flüchtlingen ähnlich einfach werden und deren Anwesenheit keine wesentlichen Veränderungen mit sich bringen würde.

Als ich nur eine Woche nach der Inbetriebnahme der Unterkunft eine Gruppe von etwa dreißig Asylsuchenden mit großen Transparenten in ihren Händen an der Hauptstraße stehen sah, traute ich meinen Augen nicht. Ich war mit einer Bekannten unterwegs und wir wollten eigentlich eine Kleinigkeit essen gehen. In dem Moment trafen auch ein paar Polizisten ein. Ich parkte mein Auto und stieg mit meiner Bekannten aus.

Ich ging auf die Polizisten zu und fragte, ob diese Menschen eine Demonstration angemeldet hätten. Die Beamten verneinten dies. Ich bot an, kurz mit den Menschen zu sprechen. Dass sie demonstrieren wollten, stand außer Zweifel, da auf den hochgehaltenen Transparenten zu lesen war, dass sie ihre Rechte einforderten.

Die erste Frage, die mir in Anbetracht der fehlerfrei bepinselten Laken durch den Kopf schoss, war, wer den Flüchtlingen diese Banner geschrieben hatte. Ich ging davon aus, dass sie nach nur einer Woche Aufenthalt in Deutschland nicht über genügend Deutschkenntnisse verfügen würden, um diese Banner selbst zu beschriften.

Freundlich ging ich auf die Männer zu (Frauen befanden sich nicht unter den Demonstranten) und erklärte ihnen auf Englisch, dass ich Flüchtlingshelferin sei. Sie begrüßten mich ebenfalls freundlich. Die Anwesenheit der Polizisten schien sie nicht zu stören.

Ich fragte höflich, ob es denn ein Problem gebe und welche Rechte man ihnen nicht zugestehen würde?

Daraufhin erklärten sie mir, dass sie in ihren Heimatländern ein Haus versprochen bekommen hätten und sie nicht in der Erstaufnahme bleiben wollten. Außerdem wollten sie anstatt zwei lieber drei warme Mahlzeiten am Tag und kostenlose Zigaretten.

Mir gefror fast augenblicklich mein Lächeln auf den Lippen. Hier standen ungefähr dreißig junge Männer vor mir, die all diese Dinge mit einer Selbstverständlichkeit forderten, die schon an Frechheit grenzte.

Als ich ihnen ruhig erklärte, dass man in Deutschland nicht so einfach ein Haus bekäme und wir hier in unserem Land ebenfalls ein paar Millionen Menschen hätten, die auf der Straße lebten und die nicht einmal eine warme Mahlzeit am Tag bekämen, geschweige denn kostenlose Zigaretten, schauten mich die Männer völlig ungläubig an.

Ich fragte sie, wie sie denn darauf kämen, dass man in Deutschland einfach so ein Haus bekäme und wer ihnen dieses Märchen erzählt habe.

Daraufhin bekam ich zur Antwort, dass die Schleuser dies erzählen würden und die Flüchtlinge, die es schon nach Deutschland geschafft hätten, dies bestätigen würden. Ich klärte die Männer erneut darüber auf, dass dies nicht der Fall sei und erläuterte ihnen, dass sie absolute Fehlinformationen erhalten hätten. Außerdem müssten sie doch verstehen, dass der Zuzug von einer Million Flüchtlinge ein kleines Land wie Deutschland vor große Herausforderungen stellen würde und wir hier wirklich alles tun würden, um den Menschen, die hier Schutz und Hilfe suchen, auch zu helfen. Daraufhin brüllte einer der Männer, dass wir nicht genug tun würden.

Ich fragte ungläubig mehrmals nach, ob diese Aussage tatsächlich ernst gemeint sei, und er wiederholte sie noch mehrmals.

An dieser Stelle brach ich das Gespräch ab und wandte mich an die Polizisten, die die ganze Zeit ruhig ein Stück entfernt gestanden hatten. Ich fragte sie, ob sie die Demonstration nun auflösen würden, wie es vom Gesetz her vorgesehen sei, da es sich ja um eine nicht angemeldete Versammlung handelte. Man erteilte mir die Auskunft, dass sie die Anweisung bekommen hätten, sie nicht aufzulösen, sondern die Flüchtlinge auf ihrem Weg zu begleiten.

Ich schüttelte nur mit dem Kopf. Die Beamten konnten nichts dafür und obwohl sie sich alle Mühe gaben, einen möglichst unbeteiligten Gesichtsausdruck zu zeigen, konnte ich doch sehen, wie sehr ihnen die angeordnete Vorgehensweise widerstrebte. Ich konnte dies gut verstehen. Ein Polizist hat die Aufgabe, dafür zu sorgen, dass die Menschen sich an Recht und geltende Gesetze halten. Nun genau diese Gesetze missachten zu müssen, entsprach ganz sicherlich nicht dem, was sie sich unter der Ausübung ihres Berufs vorstellten.

Ich verabschiedete mich und begab mich mit meiner Bekannten zurück zu meinem Auto, als ich aus den Augenwinkeln sah, wie sich die Flüchtlinge, gefolgt von den Polizisten, in Richtung Innenstadt in Bewegung setzten.

Als ich mit meiner Bekannten im Auto saß, reichte sie mir ihr Handy. Sie hatte große Teile des Gesprächs, welches ich mit den Flüchtlingen geführt hatte, mit ihrer Handykamera aufgezeichnet. Ich sah mir die Szenen an diesem Abend noch einige Male an und meine Fassungslosigkeit über das dreiste Verhalten dieser Menschen, die doch nach Deutschland gekommen waren, weil sie vor Bomben und Terror geflohen sind, wurde nicht weniger.

Monatelang hatte sich unsere Stadt auf die Ankunft der Flüchtlinge vorbereitet. Viele Ehrenamtliche hatten sich schon im Vorfeld um Kleiderspenden bemüht und Spielsachen für die ankommenden Kinder gesammelt. Es wurden Integrationsprojekte geplant und Begegnungsstätten geschaffen. Handwerker hatten die ehemalige Kaserne über ein Jahr lang in einen ordentlichen Zustand versetzt und nur eine Woche, nachdem die ersten Flüchtlinge dort eingezogen waren, demonstrierten sie und erklärten mir, wir würden nicht genügend für sie tun.

Ich war froh, dass es eine Videoaufzeichnung über dieses Zusammentreffen gab. Ich beschloss zwar, die Aufnahme nicht öffentlich zu machen, um nicht den Unmut in der Bevölkerung zu schüren, aber das Verhalten der Flüchtlinge hatte etwas Irreales an sich und fühlte sich so unwirklich an, dass ich diesen Vorfall wahrscheinlich selbst nicht geglaubt hätte, wenn man mir davon erzählt hätte.

Dabei galt meine Wut und Enttäuschung gar nicht unbedingt den Flüchtlingen, sondern vielmehr den Schleusern, die diesen verzweifelten Menschen Deutschland als ein wahres Schlaraffenland schilderten und damit den Eindruck erweckten, dass die Flüchtlinge nur – auf welchen gefährlichen Wegen und zu welchem Preis auch immer – nach Deutschland kommen müssten, um ein Leben im Wohlstand genießen zu können.

Wut verspürte ich auch gegenüber unseren Rechtsorganen, die seit Beginn der Flüchtlingskrise ständig die Übertretung der in Deutschland geltenden Gesetze anordneten und damit den Flüchtlingen einen völlig falschen Eindruck von Deutschland vermittelten. Einem Land, in dem derjenige bestraft wird, der ohne Genehmigung einen Fisch aus einem öffentlichen Gewässer angelt, und in dem derjenige eine empfindliche Strafe bezahlen muss, der seinen Wohnort wechselt, sich aber nicht rechtzeitig ummeldet. Warum tat man so, als ob unsere Gesetze für Flüchtlinge keine Gültigkeit hätten? Hunderttausende Menschen waren ohne jegliche Papiere nach Deutschland gekommen und es schien kein Problem zu sein.

Unser Versammlungsgesetz schien für Flüchtlinge ebenfalls keine Gültigkeit zu besitzen oder wie sonst sollte ich mir erklären, dass die Demonstration nicht aufgelöst wurde?

Wie sollen wir diese Menschen in unsere Gesellschaft integrieren, wenn für sie von Anfang an andere Regeln zu gelten scheinen? Wie soll man der restlichen Bevölkerung erklären, dass Rechtsbruch nicht gleich Rechtsbruch ist und es anscheinend für die Strafverfolgung maßgeblich ist, wer ihn begeht?

Nein, so konnte es nicht funktionieren und das durch die Flüchtlingskrise herrschende Chaos würde auf diese Art und Weise nicht zu bewältigen sein.

Es erstaunt mich überdies immer wieder, wie wenig Gedanken man sich seitens unserer Regierung über die fehlenden Ausweispapiere der Flüchtlinge macht. Dies wird immer wieder damit begründet, dass die Flüchtlinge ja quasi bei Nacht und Nebel ihr Land verlassen haben und keine Zeit hatten, ihre Ausweispapiere mitzunehmen. Ich halte das in den meisten Fällen für eine Lüge.

Die Flucht erfolgt in fast allen Fällen nicht völlig überstürzt. Man muss bedenken, dass der Krieg in Syrien seine Anfänge bereits im Jahr 2011 nahm und eine direkte Folge des Arabischen Frühlings ist. Fast zeitgleich breiteten sich auch Anhänger der gefährlichen Terrororganisation Islamischer Staat im Land aus. Der Hauptflüchtlingszustrom erfolgte aber erst zu Beginn des Jahres 2015, also fast vier Jahre nach Kriegsbeginn. Somit ist es eher unwahrscheinlich, dass die Flüchtlinge keinerlei Zeit hatten, ihre Flucht vorzubereiten, zumal ja auch die teilweise horrenden Summen für die Schleuser organisiert werden müssen, ohne die eine Flucht aus dem Land erst gar nicht möglich ist. Die Menschen, die bereits durch Bombenangriffe alles verloren haben und dadurch keine Papiere mehr besitzen, sind meist nicht die Menschen, die den Weg nach Europa antreten können, da dies ohne die entsprechenden finanziellen Mittel gar nicht möglich ist.

Man muss ferner bedenken, dass weite Teile von Syrien bisher nicht vom Krieg betroffen sind und das ganz normale

Leben dort weitergeht. Aus diesen Teilen Syriens kommen die meisten Flüchtlinge, denn nur sie verfügen über das benötigte Geld, um die Schleuser zu bezahlen.

Es ist also ein rätselhaftes Phänomen, warum so viele Flüchtlinge behaupten, aus Syrien zu stammen, aber über keinerlei Papiere verfügen. Warum findet dieser Umstand so wenig Beachtung?

Aus etlichen Gesprächen mit Flüchtlingen weiß ich, dass in den Erstaufnahmeunterkünften viele Menschen sind, die zwar behaupten, aus Syrien zu kommen, aber eigentlich in Marokko, Ägypten oder Tunesien ihr Zuhause haben. Diese Länder gelten allerdings als sichere Herkunftsländer und die Chance darauf, Asyl in Deutschland zu bekommen, wenn man aus einem sicheren Herkunftsland stammt, liegt bei null. Also nutzen viele Menschen das Chaos, welches zurzeit in Europa herrscht, für ihre Zwecke und ihre Hoffnung auf ein besseres Leben und behaupten einfach, aus Syrien zu stammen.

Menschlich ist dieses Verhalten absolut nachzuvollziehen, zumal nach den unzähligen Anschlägen, die durch den Islamischen Staat verübt werden, in vielen dieser muslimischen Länder der Tourismus rapide zurückgegangen ist und eine noch höhere Arbeitslosigkeit herrscht als je zuvor. Hoffnungslosigkeit und Geldsorgen sind dann der Motor, der die Menschen antreibt, sich mit falscher Identität unter die Flüchtlinge zu mischen, getrieben von der Hoffnung, hier ein neues Leben mit sozialer Absicherung beginnen zu können.

Mittlerweile setzt der Staat syrische Mitarbeiter ein, die die Herkunft dieser Menschen anhand ihrer Sprache, dem

Akzent und ihrem Dialekt überprüfen sollen, um so falschen Identitäten auf die Spur zu kommen. Das ist immerhin ein Lösungsansatz. Trotzdem wäre es wesentlich effektiver, gleich bei der Ankunft in Deutschland einen Herkunftsnachweis zu fordern, da man bei Flüchtlingen aus sicheren Herkunftsländern ein verkürztes Asylverfahren durchführen kann und die Menschen relativ zeitnah in ihre Herkunftsländer zurückkehren sollten. Diese Vorgehensweise spart zum einen Geld und zum anderen werden wichtige Ressourcen für die Flüchtlinge nicht blockiert, die wirklich aus den Kriegsländern stammen.

Dies wäre im Übrigen auch eine menschlichere Vorgehensweise, da ich immer wieder miterleben muss, dass Menschen aus sicheren Herkunftsländern einen Asylantrag stellen, auf dessen Bescheid sie dann monatelang warten müssen. Auch wenn es sich fast immer um einen Negativentscheid handelt, haben diese Menschen doch die Hoffnung, dass gerade ihr Antrag zu denen gehört, die positiv entschieden werden. Während der Wartezeit leben sie sich in Deutschland ein, knüpfen Kontakte und schließen Freundschaften.

Wenn dann die Nachricht kommt, dass ihr Asylantrag abgelehnt wurde, ist das für diese Menschen eine Katastrophe, und wir Helfer können kaum etwas tun, um ihnen zu helfen und sie aufzufangen. Auch an dieser Stelle fehlt es an professionellen Kräften, die für solche Situationen psychologisch geschult sind.

Auch anderthalb Jahre nach dem Beginn der Flüchtlingskrise fehlt uns immer noch ein umfassendes und tragfähiges Konzept, wie wir solche Situationen meistern können.

7. Kapitel

Der schwere Weg in ein selbstständiges Leben

Neben einigen alleinstehenden Männern gibt es auch einige Familien, die ich betreue. Während ich bei den Männern vorwiegend dafür sorge, dass sie möglichst schnell Deutsch lernen und einen Praktikumsplatz in einem Unternehmen erhalten, damit sie ein Gefühl für die Arbeitswelt in Deutschland bekommen, sind bei den Familien meist andere Hilfestellungen vonnöten. Die Organisation von Kindergartenplätzen für die Kinder, die Begleitung zu Kinderarztbesuchen, der Antrag auf Kindergeld und die Übersetzung der eingehenden Post sind die Dinge, die am häufigsten von mir gefordert werden.

Die Bedingungen, unter denen Familien in den Gemeinschaftsunterkünften leben müssen, sind oft eine starke Belastung für alle Beteiligten, und es tut mir in der Seele weh, wenn ich sehe, dass eine vierköpfige Familie in einem einzigen Zimmer untergebracht ist. Weder die Eltern noch die

Kinder haben auch nur ein Minimum an Privatsphäre und nicht selten liegen nach kürzester Zeit die Nerven blank. Umso größer ist dann die Freude, wenn der Asylantrag positiv beschieden wurde und dem Umzug in eine »richtige« Wohnung nichts mehr im Wege steht.

Bis es so weit ist, lautet die mir am häufigsten gestellte Frage: Kannst du ein Haus für uns finden? Gerne würde ich diese Frage mit ja beantworten, aber wenn man bedenkt, dass es auch ohne den Zuzug von über einer Million Flüchtlingen schon einen Mangel an bezahlbarem Wohnraum gab, kann man sich vorstellen, dass sich die Wohnungssuche nicht einfach gestaltet. Seit vielen Jahren wird in Deutschland kein sozialer Wohnungsbau mehr betrieben und das rächt sich jetzt. In abgelegenen Städtchen und Dörfern in strukturschwachen Gebieten finden sich gelegentlich günstige Wohnungen, aber da möchten die Flüchtlinge in aller Regel nicht hin. Dort gibt es kaum Infrastruktur und die Bus- und Bahnanbindung ist oft eine Katastrophe. Da die Migranten aber genau darauf angewiesen sind, um Einkäufe zu tätigen, die Kinder in den Kindergarten oder die Schule zu bringen und ihre zahlreichen Termine beim Jobcenter und der Ausländerbehörde wahrnehmen zu können, kommen diese Wohnungen nur selten in Frage.

Die Wohnungen in Stadtnähe sind rar gesät und ihr Mietpreis übersteigt die Vorgaben der Jobcenter meist um ein Vielfaches. Die Kosten werden aber vom Amt nur dann übernommen, wenn sie dem Mietpreis entsprechen, der auch für Hartz-IV-Empfänger vorgesehen ist. Da die meisten Flüchtlinge weder über gültige Papiere noch über eine in

Deutschland anerkannte Ausbildung und genügend Sprachkenntnisse verfügen, ist es aber notwendig, dass die Miete und die Lebenskosten vom Amt übernommen werden, da von den Flüchtlingen zunächst kein eigenes Einkommen erzielt werden kann und sie auf die staatliche Hilfe angewiesen sind.

Die Behauptung seitens vieler Politiker, dass es sich bei den Flüchtlingen zu einem großen Teil um Fachkräfte handele, die man ohne große Probleme in den deutschen Arbeitsmarkt integrieren könne, kann ich aus meiner Erfahrung leider nicht bestätigen. Viele verfügen über keine abgeschlossene Ausbildung und ein nicht unerheblicher Teil der Flüchtlinge kann weder das deutsche Alphabet lesen noch schreiben. Schließlich kommen sie aus Ländern, in denen Arabisch geschrieben wird und diese Schriftzeichen haben mit unserem Alphabet nichts gemeinsam.

Dazu kommt, dass es sich bei vielen um sehr junge Flüchtlinge handelt, die zwar behaupten, einen Hochschulabschluss zu besitzen, aber keinerlei Beweis darüber erbringen können. Wenn ich dann im Deutschunterricht sehe, dass sie schon an den leichtesten Aufgaben scheitern, hege ich meine Zweifel, ob ihre gemachten Angaben bezüglich ihrer Schulbildung auch den Tatsachen entsprechen. Diese Flüchtlinge möchten im Übrigen gar keiner Arbeitstätigkeit nachgehen, sondern direkt in Deutschland studieren. Wenn ich sehe, dass sie den Deutschunterricht nur sehr sporadisch besuchen und auch nach mehreren Monaten kaum Fortschritte im Erlernen unserer Sprache gemacht haben, weiß ich, dass ihr Ziel zu studieren ein Traum bleiben wird.

Natürlich ist es ganz besonders schwierig, für junge und alleinstehende Männer, die keiner geregelten Arbeit nachgehen, eine Wohnung zu finden. Viele Vermieter haben Bedenken und äußern diese auch. Familien haben es da zwar ein bisschen leichter, aber gerade Drei- bis Vierzimmerwohnungen, die eine gute Infrastruktur bieten und trotzdem in den von den Jobcentern vorgegebenen Budgets liegen, gibt es leider kaum. Der an die Vermieter gerichtete Appell einiger Kommunen, bitte vorrangig an Asylanten zu vermieten, hat schon vielerorts für Unfrieden gesorgt, da sich deutsche Familien dadurch benachteiligt fühlen und dies nicht zu einem guten Miteinander zwischen der deutschen Bevölkerung und den Flüchtlingen beiträgt.

Dabei steht uns das eigentliche Problem noch bevor. Viele Flüchtlingsfamilien haben ihr Geld zusammengelegt, um die Schleuser für eine einzige Person bezahlen zu können. Oft ist einer der Söhne auf die gefährliche Reise nach Deutschland geschickt worden mit dem Ziel, dass dieser die übrigen Mitglieder im Rahmen der Familienzusammenführung auf legalem Wege nachholt. Das bedeutet, dass die alleinstehenden Männer, die nun in einer Einzimmerwohnung untergebracht sind, bald ebenfalls eine größere Wohnung benötigen, um genügend Raum für Ehefrau und Kinder oder Eltern und Geschwister zur Verfügung zu haben.

Wenn man indessen bedenkt, dass wir in vielen deutschen Städten eine solche Wohnungsknappheit haben, dass die Besitzer von leer stehenden Wohnungen unter Strafandrohungen aufgefordert werden, diese umgehend dem Wohnungsmarkt zur Verfügung zu stellen, und dass etwa in München auf eine Wohnung teilweise über 200 Bewerber kommen, dann verwundert es nicht, dass die Verbände schon seit einigen Monaten immer wieder davor warnen, dass der Flüchtlingszustrom die Wohnungsknappheit drastisch verschärfen wird.

Trotzdem versuchen wir Flüchtlingshelfer unser Möglichstes, um die Familien schnell aus den Gemeinschaftsunterkünften zu holen und ihnen eine eigene Wohnung zu beschaffen.

Eine syrische Familie, die ich sehr intensiv und über einen längeren Zeitraum betreut habe, war fast schon besessen von dem Wunsch nach einem eigenen Haus. Teilweise wurden sie sogar richtig wütend auf mich, wenn ich ihnen wieder mal sagen musste, dass meine Suche bisher nicht erfolgreich war.

Eines Tages erhielt ich einen aufgeregten Anruf von der Frau und sie erklärte mir, dass eine Mitarbeiterin des Landkreises bei ihnen gewesen sei und ihnen mitgeteilt habe, dass sie mit ihrem Mann und den zwei kleinen Kindern aus der Gemeinschaftsunterkunft ausziehen müsse. Ich konnte das zunächst gar nicht glauben und dachte, dass die Frau, die zwar ein gutes Englisch sprach, aber hingegen fast kein Deutsch verstand, sich bestimmt verhört hätte.

Ich beruhigte sie und versprach, dies für sie zu klären.

Nachdem ich die Mitarbeiterin des Kreises jedoch telefonisch nicht erreichen konnte, schrieb ich ihr eine E-Mail, mit der Bitte, dieses Missverständnis aufzuklären.

Ich musste nicht lange auf Antwort warten. Etwa eine Stunde später erreichte mich ebenfalls eine E-Mail. Mit knappen Worten erklärte mir die Mitarbeiterin, dass es sich mitnichten um ein Missverständnis handele, sondern dass sie der Familie erklärt habe, dass sie zeitnah ausziehen müsse.

Der Ehemann habe sich schon des Öfteren sehr respektlos gegenüber ihrer Behörde verhalten und auch in der Gemeinschaftsunterkunft gebe es Beschwerden über ihn. Er würde immer wieder noch spät in den Abendstunden seine Frau und die Kinder anschreien und habe schon mehrfach gegen das Mobiliar getreten und randaliert. Selbst die umliegenden Häuser würden sich durch sein Wüten gestört fühlen.

Von Anfang an habe dieser Mann sich geweigert, in die Unterkunft zu ziehen und nach einem eigenen Haus verlangt. Er würde stets einen sehr angespannten und leicht erregbaren Eindruck machen und aus diesem Grund sei es besser, wenn diese Familie so schnell wie möglich in eine Privatwohnung umziehen würde.

Als ich die E-Mail gelesen hatte, blieb mir vor Erstaunen der Mund offen stehen. So ging man also mit gewalttätigen Flüchtlingsmännern um? Anstatt der erst 22-jährigen Ehefrau Hilfe bei den Auseinandersetzungen mit ihrem wesentlich älteren Ehemann anzubieten und darauf zu achten, dass die Kinder keinen Schaden nahmen, wenn sie weiterhin ihrem offenbar cholerischen Vater ausgeliefert waren, forderte man die Familie einfach auf, die Gemeinschaftsunterkunft zu verlassen und voilà – das Problem war gelöst. Als ob der Umzug in eine Privatwohnung aus dem offensichtlich aufbrausenden Familienvater plötzlich einen ruhigen und besonnen Menschen machen würde.

Natürlich ist die Unterbringung in einer Gemeinschaftsunterkunft auf engstem Raum eine Ausnahmesituation für eine Familie, aber eine Rechtfertigung für Gewalt ist es nicht. Die Frauen sind solchen Situationen hilflos ausgeliefert. In einem fremden Land, dessen Sprache sie nicht sprechen, fernab von Eltern, Geschwistern und Freunden, sind sie meist nicht in der Lage, sich Hilfe zu holen.

In diesem konkreten Fall habe ich mir die Hilfe eines tunesischen Mannes geholt, der schon lange in Deutschland lebt und fließend Arabisch spricht. Yusef ist ebenfalls ehrenamtlich in der Flüchtlingshilfe tätig und verbringt fast seine komplette Freizeit damit, den Flüchtlingen bei der Integration behilflich zu sein. Er ist genau wie ich der Meinung, dass die größte Herausforderung in der Flüchtlingskrise nicht in der Versorgung der Menschen liegt, die hier Asyl beantragen, sondern in ihrer nachhaltigen Integration. Er ist unermüdlich darin, den Flüchtlingen die Werte zu vermitteln, die in Deutschland Bestand haben, und die doch oft so konträr zu der Kultur der Flüchtlinge sind. Dabei nimmt er kein Blatt vor den Mund und sagt mitunter Dinge, für die man einem Deutschen sofort und ohne Wenn und Aber Ausländerfeindlichkeit unterstellt hätte. Er ist der Meinung, dass, wenn wir den Migranten nicht von Anfang an vermitteln, dass sie in Deutschland in einem Land leben, in dem die Gleichberechtigung zwischen Mann und Frau eine Selbstverständlichkeit ist, wir diese Menschen nicht integrieren können und weitere Parallelgesellschaften schaffen. Ich teile diese Meinung uneingeschränkt.

Nachdem ich die E-Mail der Mitarbeiterin des Kreises bekommen hatte, kontaktierte ich Yusef und berichtete ihm von der Situation. Er erklärte sich sofort bereit, ein Gespräch mit dem syrischen Mann zu führen, und keine Stunde später betraten wir gemeinsam die Flüchtlingsunterkunft.

Wie immer wurden wir freudig empfangen.

Aufmerksam schaute ich mir die junge Frau an. Da ich auch schon seit vielen Jahren ehrenamtlich in der Gewaltberatung tätig bin, habe ich Erfahrung darin, Menschen mit meinen Augen fast unmerklich nach Verletzungen abzusuchen. Ich konnte in diesem Fall nichts entdecken, was aber nicht bedeutete, dass es tatsächlich nicht zu körperlicher Gewalt gekommen war. Denn die Frau war von Kopf bis Fuß verhüllt, und als sie sah, dass diesmal auch ein männlicher Flüchtlingshelfer zugegen war, zog sie schnell ihren dicken Wintermantel über.

Für Menschen aus unserem Kulturkreis ist dies befremdlich, aber für Menschen aus Syrien ist solch ein Verhalten vollkommen selbstverständlich. Normalerweise ist es sogar so, dass Frauen sich gar nicht in demselben Raum aufhalten, wenn fremde Männer zugegen sind.

Bei unseren ersten Besuchen zog sich die Frau immer sofort in die Gemeinschaftsküche zurück, sobald sie Yusef sah. Dieser führte dann aber ein ziemlich hitziges Gespräch mit ihrem Mann und erklärte ihm, dass ein solches Verhalten in Deutschland nicht akzeptabel ist und dass die Dinge, die zu besprechen sind, schließlich auch seine Frau betreffen.

Seitdem durfte sie ihm Raum bleiben, musste sich aber den besagten Wintermantel überziehen, damit von ihrer Figur auch nicht das Geringste zu erahnen war.

Nachdem wir Platz genommen und den obligatorischen Tee bekommen hatten, erklärte Yusef den Grund unseres

Besuchs. Er führte das Gespräch in Arabisch, sodass ich nur Bruchstücke mitbekam. Ich spreche neben meiner Muttersprache Deutsch auch Englisch und Türkisch. Arabisch hingegen beherrsche ich nur bruchstückhaft. Allerdings konnte ich an der Mimik des Ehemanns ablesen, dass er nicht gerade begeistert war von dem, was Yusef ihm erzählte. Seine Augen hatten sich verdunkelt und seine Lippen waren fest aufeinander gepresst. Das Gespräch nahm schnell Fahrt auf und es kam zu einem heftigen Wortgefecht. Die junge Frau schaute ängstlich zu Boden und am liebsten hätte ich sie in den Arm genommen. Ich wollte aber nicht die Aufmerksamkeit auf mich lenken und so unterließ ich es und beschränkte mich darauf, ihr aufmunternd zuzuzwinkern, als sie kurz ihren Blick von dem Boden löste und mich hilfesuchend ansah.

Nach ungefähr einer Stunde verließen Yusef und ich die Unterkunft wieder. Sobald wir nach draußen traten, atmeten wir erst einmal tief durch.

Yusef erzählte mir, dass er dem Mann erklärt habe, dass es in Deutschland eine Institution namens Jugendamt gebe und dass man hier seine Kinder weggenommen bekommen konnte, wenn man sie schlug oder auch sonst nicht gut behandelte. Ebenso hatte er ihn davon in Kenntnis gesetzt, dass es in fast jeder größeren Stadt Frauenhäuser gab, in denen Frauen, die von ihren Männern misshandelt wurden, aufgenommen werden und Schutz und Hilfe bekommen.

Dies musste mächtig Eindruck auf den Familienvater gemacht haben. Yusef erzählte mir, dass er ihm versprochen hatte, seine Frau und seine Kinder zukünftig besser zu behandeln.

Ich hatte da zwar meine Zweifel, aber die behielt ich zunächst für mich. Was hatten wir denn als ehrenamtliche Flüchtlingshelfer schon für Möglichkeiten, in solchen Fällen zu helfen? Wir konnten keinerlei Sanktionen aussprechen oder mit Konsequenzen drohen und die Flüchtlinge wussten das sehr genau.

Außerdem war mir klar, dass die Frau selbst dann bei ihrem Mann bleiben würde, wenn er sie täglich verprügelte. Was sollte sie auch tun? Sie war gerade mal 22 Jahre alt und bereits Mutter eines fünf- und eines zweijährigen Sohnes. In Deutschland hatte sie außer ihrem Mann und ihren Kindern niemand. Außerdem sind Trennungen und Scheidungen in ihrer Kultur äußerst selten und wenn bereits Kinder vorhanden sind so gut wie unmöglich.

In den meisten muslimischen Ländern bekommt der Vater im Falle einer Scheidung automatisch das alleinige Sorge- und Aufenthaltsbestimmungsrecht für die Kinder. Dies ist für die meisten Frauen Grund genug, unter allen Umständen bei ihren Männern zu bleiben.

Eine Frau, die sich scheiden lässt, ist in den Augen vieler muslimischer Männer eine schlechte Frau, und er wird den Kontakt zu der Kindesmutter in aller Regel nicht zulassen, damit die Kinder nicht dem schlechten Einfluss der eigenen Mutter ausgesetzt sind. Dass in Deutschland andere Gesetze gelten, wissen die Frauen oft nicht. Auch in diesem Bereich ist meiner Meinung nach eine umfangreiche Aufklärungsarbeit nötig.

Aufgrund der Tatsache, dass die meisten Flüchtlingsfrauen aus muslimischen und traditionell geprägten Familien stammen, ist es besonders schwer, sie in unserem freien und unkonventionellen Land zu integrieren. Ich bin überzeugt davon, dass sich die Frauen weitaus besser gegen ihre Männer durchsetzen könnten, wenn sie ihre Rechte in Deutschland besser kennen würden. Dies hätte eine wesentlich tauglichere Integration zur Folge.

Bei diesem Thema muss man den Fakten schlicht ins Auge sehen, auch wenn es weh tut: Die Anzahl der Frauen mit Migrationshintergrund, die von häuslicher Gewalt durch ihren Partner betroffen sind, ist doppelt so hoch wie die Anzahl der deutschen betroffenen Frauen. Zu diesem Ergebnis kommt eine aktuelle Studie, die vom Bundesministerium für Familie, Senioren, Frauen und Jugend in Auftrag gegeben wurde. Diese besagt ebenfalls, dass die Hilfeangebote den meisten Flüchtlingsfrauen völlig unbekannt sind. Keine bis unzureichende Kenntnisse der deutschen Sprache sind einer der Hinderungsgründe, warum die Frauen den Weg zu den Beratungsstellen scheuen.

Es ist dringend notwendig, diese Tatsache bei den Integrationsbemühungen der Flüchtlinge (hier insbesondere der Frauen) zu berücksichtigen und diese Informationslücke zu schließen.

In unserer Stadt hat man das Problem offenbar erkannt, denn kürzlich erhielt ich eine Einladung zu einer Schulung, in der wir Flüchtlingshelfer mit der Problematik »Gewalt gegen Frauen in Flüchtlingsunterkünften« vertraut gemacht werden sollen.

Ich selbst bin viele Jahre in der Gewaltberatung und trotzdem gibt es auch heute noch Fälle, in denen ich an meine psychischen Grenzen stoße. Gerade bei misshandelten Frauen benötigt man viel Fingerspitzengefühl und kann durch zu forsches oder ungeschicktes Nachfragen schnell dafür sorgen, dass sich die betroffene Frau wieder zurückzieht und lieber schweigt.

Auf dieses Problem stößt man natürlich auch bei deutschen Frauen, aber der Umgang mit Flüchtlingsfrauen, die erst kurze Zeit in Deutschland sind, erfordert weitaus mehr Sensibilität, denn oft sind diese Frauen zusätzlich vom Krieg traumatisiert und nicht wenige von ihnen haben bereits auf ihrer Flucht sexuelle Gewalt erlebt. Wenn ich mir vorstelle, dass – wohlmeinende, aber ahnungslose und ungeschulte – ehrenamtliche Helfer, die noch nie etwas mit dieser Problematik zu tun hatten, eine erste Anlaufstelle für Flüchtlinge, die von Gewalt betroffen sind, werden sollen, dann beschleicht mich ein sehr ungutes Gefühl. Meiner Meinung nach wird hier den Ehrenamtlern etwas aufgebürdet, was von professionellen Mitarbeitern übernommen werden müsste. Bei dem Verteilerschlüssel in unserem Kreis, der lediglich einen Sozialarbeiter für 200 Flüchtlinge vorsieht, ist das aber so gut wie unmöglich.

Sieht so ein »Wir schaffen das!« aus?

8. Kapitel

Das problematische Thema Frauenbild

Während dieses Buch entstanden ist, tauchte plötzlich in vielen Medien die Meldung auf, es gebe eine interne E-Mail der Polizei, der zu entnehmen sei, dass das Verzeichnen des Tatbestands der Vergewaltigung und des sexuellen Missbrauchs in den öffentlichen Badeanstalten stark angestiegen wäre. Bei den Opfern handele es sich vorwiegend um Kinder. Bei den Tätern handele es sich meist um eine Gruppierung einiger Jugendlicher mit Migrationshintergrund. Von der Bild-Zeitung bis zum Spiegel, alle zeigten sich plötzlich in Anbetracht dieser Entwicklung besorgt und verbreiteten die Informationen aus dieser vertraulichen E-Mail.

Die Polizei Düsseldorf bestätigte die Echtheit dieser Mail.

Nun war es also amtlich, was ein Großteil der deutschen Bevölkerung bereits vermutet hatte und sich die meisten nur hinter der vorgehaltenen Hand zuflüsterten, damit man nicht vorschnell rechtes Gedankengut unterstellt bekam.

Ich hatte von Anfang an zu bedenken gegeben, dass es zu solchen Szenarien kommen könnte, und das auch bereits lange vor den Ereignissen der Kölner Silvesternacht, in der weit über 600 Frauen von Männern mit Migrationshintergrund sexuell belästigt, teilweise sogar vergewaltigt und einige auch bestohlen wurden.

Man muss bedenken, dass der größte Teil der Flüchtlinge aus streng islamischen Ländern in ein sexuell offenes und freies Deutschland kommt. Die männlichen Flüchtlinge haben ein völlig anderes Frauenbild als jenes, auf das sie hier treffen.

In den meisten Herkunftsländern gilt eine Frau schon dann als unanständig und für jeden zu haben, wenn sie einem ihr fremden Mann zu lange in sein Gesicht schaut. Fast alle Frauen tragen eine Vollverschleierung oder zumindest ein Kopftuch. Frauen, die darauf verzichten, sind in der Gesellschaft verpönt und gelten als Ungläubige und damit auch als unehrenhafte Frauen.

In einem Badeanzug oder Bikini baden zu gehen, ist in vielen muslimischen Ländern nur schwer möglich, da es den Frauen verboten oder nur an eigens dafür abgetrennten Strandabschnitten erlaubt ist.

Kontakt zu Männern ist einer Frau lediglich dann gestattet, wenn es sich um Familienangehörige oder ihren Ehemann handelt. Dies ist zum großen Teil in der Religion des Islam begründet und zu einem kleineren Teil in der dort gelebten Kultur.

In den muslimischen Ländern haben deutsche Frauen aufgrund der hier gelebten Gleichberechtigung und unserer gewissen Freizügigkeit einen schlechten Ruf und gelten als nahezu sexbesessen.

Nun kommen noch einige wichtige Faktoren hinzu. Die männlichen Flüchtlinge haben eine oft wochenlang andauernde Flucht hinter sich, während der sie keinerlei Privatsphäre hatten. In Deutschland angekommen, werden sie wieder mit mehreren Männern gemeinsam in einem Zimmer untergebracht. Wenn sie das Pech haben, nicht sofort in eine Erstaufnahme einziehen zu können, kann es sogar sein, dass sie zunächst mit mehreren Hundert anderen Menschen in einer Sporthalle untergebracht sind. Diese Unterbringung dauert wieder einige Wochen, bis die Registrierung abgeschlossen und der Antrag auf Asyl gestellt ist. Dann erfolgt der Umzug in eine Gemeinschaftsunterkunft, in der sich die Flüchtlinge wieder mit mehreren Menschen ein Zimmer teilen müssen. Bis sie in eine Privatwohnung ziehen können, vergehen viele Monate und in vielen Fällen sogar einige Jahre.

Während dieser ganzen Zeit haben diese Menschen keinerlei Privatsphäre und somit auch kaum eine Möglichkeit, sexuellen Druck abzubauen. Gepaart mit dem Anblick vieler Frauen, die in den Augen der Flüchtlinge sehr freizügig gekleidet sind und dadurch bei ihnen den Eindruck erwecken, einer sexuellen Handlung nicht abgeneigt zu sein, entsteht hier eine gefährliche Gemengelage der Umstände.

Auch darüber hätte man sich seitens der Bundesregierung Gedanken machen müssen, denn der Schutz der eigenen Bevölkerung ist mindestens genauso wichtig wie die Aufnahme von Flüchtlingen, die in ihrer Existenz bedroht sind. Hier lässt unsere Regierung meiner Meinung nach eine gewisse Naivität walten, denn solch eine Entwicklung war abzusehen.

Auch der mediale Umgang mit Sexualstraftaten, die durch Migranten verübt werden, spiegelt eine große Unsicherheit der Medien wider. Oft wird in entsprechenden Berichten die Nationalität der Täter nicht benannt, da man die ohnehin schon in der Bevölkerung grassierenden Ängste bezüglich der vielen Menschen, die in kürzester Zeit den Weg nach Deutschland gefunden haben, nicht noch weiter schüren möchte. Nur so kann ich es mir etwa erklären, dass die schrecklichen Ereignisse in der bereits erwähnten Silvesternacht in Köln erst viele Tage später ihren Weg in die Tageszeitungen und TV-Nachrichten gefunden haben.

Zudem sprach man am Anfang von den sogenannten »Antänzern«, die in Köln schon viele Jahre ihr Unwesen treiben würden. »Antänzer« sind meist nordafrikanische Männer, die gezielt Frauen antanzen und ihnen dabei die Handtasche, das Handy oder das Portemonnaie stehlen. Diese Tätergruppe prägt tatsächlich schon lange das Stadtbild von vielen deutschen Großstädten, aber an den unzähligen Sexualdelikten und Diebstählen in der besagten Silvesternacht waren sie ausnahmsweise unschuldig.

Nachdem der Druck der Öffentlichkeit immer größer wurde, mussten unsere Verfolgungsbehörden Farbe bekennen und zugeben, dass es sich bei den Tätern fast ausschließlich um Asylsuchende handelte, die sich erst wenige Monate in Deutschland aufhielten.

Bereits am Tag nach diesen Ereignissen erreichten mich einige Nachrichten über die sozialen Netzwerke, in denen mir von Sicherheitsmitarbeitern aus völlig unterschiedlichen Erstaufnahmeunterkünften exakt das Gleiche geschrieben wurde. Man ging davon aus, dass die Asylsuchenden sich über ein soziales Netzwerk vernetzt und zu diesen Taten verabredet hatten. Dies schlossen die Sicherheitsmitarbeiter aus den Aussagen der Flüchtlinge, die großspurig angekündigt hatten, nach Köln zu fahren, um dort »Ficki ficki« zu machen.

Bis dahin hatte ich diesen Ausdruck nie gehört, aber mittlerweile weiß ich, dass dies bei einigen Asylsuchenden tatsächlich der deutsche Ausdruck für das Wort »Geschlechtsverkehr« ist.

Ich weiß gar nicht, was mich mehr erschreckt hat. Dass es in unserem bisher als sicher geltenden Deutschland überhaupt zu solchen Taten kommen konnte und dies sogar zum Großteil unter dem direkten Blick der Polizei, die in Anbetracht der hohen Täteranzahl völlig überfordert war, oder ob es die Tatsache war, dass man mehrere Tage lang versucht hat, diese schrecklichen Ereignisse nicht in die Öffentlichkeit gelangen zu lassen.

Seit Jahren erkläre ich in meiner Gewaltschutzarbeit, dass die Opfer sexueller oder körperlicher Gewalt das Erlittene öffentlich machen sollen, da ein Verschweigen lediglich den Täter, aber nicht das Opfer schützt. Dies gilt auch oder gerade für die Ereignisse in Köln. Da ein Großteil der Täter erst sehr viel später anhand von Videoaufzeichnungen und Täterbeschreibungen identifiziert werden konnte, wäre es wichtig gewesen, die Kölner Bevölkerung sofort zu warnen, da man davon hätte ausgehen müssen, dass sich diese Taten jederzeit wiederholen können. Meiner Meinung nach wurde mit dem Schweigen in den ersten Tagen nach der besagten Nacht bewusst das Risiko in Kauf genommen, dass es auch in den nachfolgenden Tagen zu weiterer Sexualstraftaten kommen hätte können.

Auch anhand dieser Reaktion kann man sehr gut erkennen, dass sich Deutschland viel zu wenig auf die Aufnahme von Flüchtlingen vorbereitet hat. Ich weiß, dass ein Großteil der Opfer auch heute, fast sieben Monate später, noch immer schwer traumatisiert ist und sich von unserem Staat im Stich gelassen fühlt. Die Silvesternacht hat ihr Leben nachhaltig ins Negative verändert und sie haben die Naivität, mit der unsere Politiker in der Flüchtlingsfrage verfahren, teuer bezahlt. Es gibt einige Foren, in denen sich ein Teil der Opfer zusammengeschlossen und ausgetauscht hat, und in einige dieser ansonsten geschlossenen Foren wurde ich eingeladen. Deshalb bin ich bestens im Bilde.

Diese Tatsache mit einem geflügelten Wort wie »Einzelfälle« schönzureden, zeugt von großer Verantwortungslosigkeit und wird uns im Integrationsprozess nur noch weiter behindern. Immerhin gab es auch in vielen anderen deutschen Großstädten in der Silvesternacht unzählige Fälle von sexuellem Missbrauch, der durch Flüchtlinge verübt wurde. Wie auch in Köln handelte es sich vorwiegend um Tätergruppen. Über 1200 Frauen wurden in dieser Nacht das Opfer sexueller Gewalt. Obwohl über 2000 Flüchtlinge an den Taten beteiligt waren, konnten bisher erst 120 Tatverdächtige ermittelt werden, und sieben Monate nach den Taten sind gerade mal vier Täter rechtskräftig verurteilt.

Natürlich sind die meisten Flüchtlinge keine kriminellen Vergewaltiger, sondern Menschen, die Schreckliches erlebt haben und froh sind, es nach Deutschland geschafft zu haben. Aber wenn von einer Million Flüchtlingen nur 10 Prozent ihre Sexualtriebe nicht unter Kontrolle haben, dann sind das immerhin 100 000 potenzielle Täter.

Auch der Hinweis, dass es schließlich auch deutsche Sexualstraftäter gebe, bringt uns in diesem Punkt kein Stück weiter.

9. KAPITEL

Falsche Toleranz fördert die Entstehung von Parallelgesellschaften

Übertriebene Toleranz ist einer der größten Integrations-killer!

Natürlich geht es ohne Toleranz nicht. Das gilt sowohl für die Flüchtlinge wie auch für die deutsche Bevölkerung. Integration ist keine Einbahnstraße, sondern immer eine Bewegung aufeinander zu. Auch wir werden auf Dauer nicht an all unseren Werten und Gewohnheiten festhalten können, wenn es in Deutschland in Zukunft ein harmonisches Miteinander zwischen Migranten und Einheimischen geben soll. Das ist nun einmal Fakt, ob uns das gefällt oder nicht. Es werden vielleicht nur Kleinigkeiten sein, wie zum Beispiel, dass der Lehrer oder der Arzt akzeptieren muss, dass eine muslimische Frau ihm nicht die Hand reichen wird, oder die Tatsache, dass Muslime ausschließlich halāl geschlachtetes Fleisch essen, auch wenn diese Art der Schlachtung (die Tiere sterben durch Ausbluten, was einen längeren Todeskampf zur Folge hat) nicht unseren tierschutzrechtlichen Bestimmungen entspricht. (Das sollte die Legebatterien-Haltung von Hühnern im Übrigen auch nicht.)

Toleranz bedeutet aber nicht, dass wir uns für jegliches Fehlverhalten der Flüchtlinge eine blumige Erklärung oder Entschuldigung zurechtzimmern. Im Rahmen meiner ehrenamtlichen Tätigkeit in der Flüchtlingshilfe begegnen mir solche Entschuldigungen tagtäglich und sie sind teilweise derart skurril, dass ich alleine damit ein unterhaltsames Buch füllen könnte.

Es gibt unzählige Menschen, die anscheinend nicht akzeptieren können, dass mit der Bevölkerungsanzahl auch die Zahl der Probleme und Straftaten unweigerlich ansteigt. Dabei ist dies lediglich eine völlig normale Konsequenz, mit der wir und vor allem unsere Rechtsorgane sich aber nun einmal auseinandersetzen müssen.

Urinieren Flüchtlinge etwa auf öffentlichen Plätzen, heißt es, dass sie ja nicht wissen konnten, dass dies in Deutschland nicht erlaubt ist. Fotografieren Flüchtlinge ungefragt und gegen deren Willen Mädchen und Frauen im Bikini durch den Zaun eines Schwimmbads, haben findige Menschen dieselbe Entschuldigung parat. Sind es Flüchtlinge, die beim Ladendiebstahl erwischt werden – das Thema wurde bereits angesprochen –, gibt es garantiert Menschen, die für diese Tat Verständnis aufbringen, weil die Flüchtlinge ja aus armen Ländern kommen und es hier bei uns alles im Überfluss gibt. Da sei es nur verständlich, dass man auch mal zugreift, ohne zu bezahlen.

Selbst für die unzähligen sexuellen Belästigungen und Vergewaltigungen in der Silvesternacht gab es noch Menschen, die die Schuld nicht bei den Tätern, sondern bei den Opfern suchten. Die armen Männer wären mit der deutschen Freizügigkeit völlig überfordert, und wenn sie Frauen in knappen Shirts und Röcken sehen würden, könnten sie sich nun einmal nicht mehr beherrschen, da sie es in ihren Herkunftsländern ja vorwiegend mit verschleierten Frauen zu tun hätten.

Ganz abgesehen davon, dass Silvester im kalten Winter gefeiert wird und es wahrscheinlich kaum eine Frau gegeben hat, die sich bei Eiseskälte in sommerlich knapper Bekleidung vor die Tür begeben hat, spielt das auch keine Rolle. Selbst wenn die Frauen nackt auf der Straße herumgelaufen wären, gibt das noch lange niemandem das Recht, sie anzufassen.

Wenn ich diesen Entschuldigungssuchern erkläre, dass die Flüchtlinge in ihrem Heimatland für solche Straftaten ins Gefängnis gehen müssten, da in ihren Herkunftsländern ein sehr viel strengeres Strafrecht herrscht, als es in Deutschland der Fall ist, ernte ich nur erstaunte Blicke.

Um den Integrationsprozess erfolgreich einleiten zu können, ist es aber unabdingbar, dass wir ohne rosarote Brille an solche Probleme herangehen und den Flüchtlingen immer wieder klar machen, dass sie hier willkommen sind, dass wir aber im Gegenzug erwarten, dass sie uns genauso respektieren, wie wir sie respektieren.

Gegenseitiger Respekt ist die Grundlage aller zwischenmenschlicher Beziehungen.

In meiner täglichen Flüchtlingsarbeit klappt das sehr gut. Ich fördere die mir anvertrauten Menschen, aber ich fordere sie auch. Ich kenne ihre Kultur und ihre bisherige Lebensweise und ich stelle mich darauf ein. Genauso erwarte ich aber, dass sie sich mit meiner Kultur und Lebensweise auseinandersetzen und sich ebenfalls ein Stück weit darauf einlassen.

Wenn ich zum Beispiel den Deutschunterrichtsraum betrete, erwarte ich nicht, dass mir jeder zur Begrüßung die Hand gibt. Dahinter steht der Gedanke, dass man niemanden dazu zwingen muss, einen anderen Menschen anzufassen, wenn er das nicht möchte. Ich empfinde dies auch nicht als respektlos mir gegenüber. Ich erwarte aber, dass ich von jedem einzelnen meiner Schüler begrüßt werde.

Die Männer legen sich zur Begrüßung ihre Hand auf die Brust, nicken mir freundlich zu und sagen »Hallo« oder »Guten Tag«. Dies zeigt mir, dass sie mich wahrgenommen haben. Ich erwidere diese Begrüßung auf dieselbe Art und Weise. Mit Frauen läuft die Begrüßung weitaus herzlicher ab. Man umarmt sich kurz und haucht einen angedeuteten Kuss auf die Wangen. Auch dieses Ritual habe ich übernommen. Die Flüchtlinge fühlen sich auf diese Weise akzeptiert und im Gegenzug zollen sie mir den nötigen Respekt, auch wenn ich in ihren Augen »nur« eine Frau bin.

Tippt zum Beispiel jemand auf seinem Handy herum, anstatt dem Unterricht zu folgen, kann ich das Mobiltelefon bis zum Unterrichtsende ohne Problem an mich nehmen und auf meinem Schreibtisch platzieren. Keiner meiner Schüler würde meine Autorität anzweifeln und sich darüber beschweren oder gar einen Versuch starten, das Handy wieder an sich zu nehmen. Sie wissen genau, dass ich Akzeptanz gebe, aber sie auch gerade für die in Deutschland herrschende Gleichberechtigung fordere.

Ich weiß, dass solch ein Verhalten einer Frau in ihrem Herkunftsland undenkbar wäre und auch niemals von ihnen akzeptiert würde. Ich sehe den Umstand, dass sie mir meine Autorität als Lehrerin zugestehen, also durchaus als ein Zeichen einer gewissen Integrationsbereitschaft.

Trotzdem ist das aber nur ein Tropfen auf dem heißen Stein. Die größten Integrationsprobleme entwickeln sich familienintern und betreffen vorwiegend Frauen.

In einem aktuellen Interview wurde unsere Bundeskanzlerin darauf angesprochen, wie sie sich die Integration von Frauen vorstelle, die bisher meist religionsbedingt keine Gleichberechtigung erfahren haben. Sie antwortete, dass sie da ihre ganzen Hoffnungen in die Integrationskurse setze, die ja auch von Frauen besucht werden müssten. Dort würde man den Frauen auch die Gleichberechtigung näherbringen. Ich konnte nur mit dem Kopf schütteln in Anbetracht solch naiver Aussagen unserer Kanzlerin.

Ein Großteil der Flüchtlingsfrauen wird einen solchen Kurs gar nicht erst absolvieren, da sie es von ihren Männern verboten bekommen werden. Als offizielle Begründung werden wahrscheinlich die Versorgung der Kinder oder gesundheitliche Hinderungsgründe genannt. Dies war in der Vergangenheit schon so, wenn Frauen ihrem Mann gegenüber den Wunsch geäußert haben, einen Sprachkurs zu absolvieren. Dies ist einer der Hauptgründe, warum auch heute noch viele Frauen mit Migrationshintergrund, nach zehn Jahren Aufenthalt oder länger, nur mangelhafte Kenntnisse der deutschen Sprache haben.

Bisher hat unsere Regierung diese Tatsache gekonnt ignoriert und es als gegeben hingenommen. Ebenso wie die Tatsache, dass viele muslimische Mädchen weder am Schwimmunterricht noch an Klassenfahrten teilnehmen durften.

Auch die Problematik der Zwangsverheiratung und Kinderehen wurde bisher immer auf das Ausland projiziert, obwohl dies ebenso tausendfach mitten in Deutschland geschieht.

Diese Dinge bereiten mir große Sorge, da solche kultur- und religionsbedingten Zustände noch kaum in der Flüchtlingskrise thematisiert wurden. Dies ist aber notwendig, um die Fehler der Vergangenheit nicht zu wiederholen.

Noch mehr Parallelgesellschaften, als wir sie jetzt schon haben, wird unser Land nicht verkraften.

Mir kommt es so vor, als ob unsere Regierung in diesen wichtigen Integrationsfragen eine ähnlich abwartende Haltung an den Tag legen würde wie schon zu Beginn der Flüchtlingskrise. Als unsere Bundeskanzlerin damals das Signal setzte, dass Ungarn die dort gestrandeten Flüchtlinge ohne jegliche Registrierung und Beschränkung nach Deutschland weiter lassen sollte, hatte ich den Eindruck, dass sich niemand ernsthaft darüber Gedanken gemacht hatte, welche Folgen diese Geste haben könnte. Angela Merkel nannte es »in einer Notsituation ein freundliches Gesicht zeigen«.

Natürlich muss man in einer Notsituation schnell reagieren können, aber mittlerweile ist mehr als ein Jahr vergangen und es gibt immer noch keinen detaillierten Plan, wie wir einen guten Weg bereiten können, sodass aus Flüchtlingen Einheimische werden.

Mit einem Betreuungsschlüssel, der für 200 Flüchtlinge, die weder die deutsche Sprache beherrschen noch auch nur über den Hauch einer Ahnung bezüglich der deutschen Bürokratie verfügen, lediglich einen Sozialarbeiter vorsieht, werden wir das ganz sicher nicht schaffen.

Ich kann mir darüber ein fundiertes Urteil erlauben, denn ich habe über vier Jahre in unserer Parallelgesellschaft gelebt und habe in dieser Zeit Einblicke bekommen, die den meisten Menschen verwehrt bleiben. Ich weiß, wie viel Leid mangelnde Integration gerade für die Frauen bedeutet, die niemals in Deutschland ein wirkliches Zuhause finden können, wenn man den männlichen Flüchtlingen nicht von Anfang an beibringt, dass in unserer Gesellschaft nun einmal andere Regeln gelten, als sie sie aus ihrem Herkunftsland kennen, und dass wir erwarten, dass sie sich diesen Regeln, zumindest in weiten Teilen, anpassen.

Niemand wird von einem gläubigen Moslem erwarten, dass er Schweinefleisch zu sich nimmt. Es ist für die Integration auch absolut nicht notwendig, dass Frauen sich in knapper Bekleidung in der Öffentlichkeit bewegen oder wildfremden Männern zur Begrüßung die Hand schütteln, aber sie müssen *wissen*, dass all dies, wenn sie es tun wollten, in unserer Gesellschaft kein Problem darstellen würde.

Ebenso sehe ich in dem Tragen eines Kopftuchs kein Problem und keine Diskriminierung, solange eine Frau es aus Überzeugung trägt. Ich habe jedoch oft die Erfahrung machen müssen, dass muslimische Frauen behaupteten, sie würden ihre Haare freiwillig verhüllen, aber die Realität sah vielmehr so aus, dass sie von ihren Vätern, Brüdern oder Ehemännern zum Tragen einer Kopfbedeckung gezwungen wurden. Um Diskussionen mit der deutschen Gesellschaft aus dem Weg zu gehen, täuschen viele Frauen eine Freiwilligkeit vor, die aber mitnichten gegeben ist.

Dies ist bei vielen der weiblichen Flüchtlinge nicht anders. In etlichen Gesprächen mit Frauen kristallisierte sich deutlich heraus, dass die meisten sich lieber heute als morgen der ungeliebten Kopfbedeckung entledigen würden. Viele der Frauen erklärten mir auch, dass ihnen erst nach ihrer Ankunft in Deutschland bewusst wurde, dass ihnen mit dem Tragen eines Kopftuchs nicht nur ihre Individualität genommen werde, sondern auch ihre persönliche Freiheit. Allerdings wissen die meisten Frauen auch, dass ihre Ehemänner es ihnen niemals erlauben würden, das Tuch abzulegen, und mir sind drei Fälle persönlich bekannt, in denen Frauen allein die Äußerung des Wunsches, kein Kopftuch mehr tragen zu müssen, mit massiver körperlicher Gewalt bezahlt haben. Einer wurde sogar mit dem Tode gedroht für den Fall, dass sie sich zukünftig weigern würde, ihre Haare mit einem Kopftuch zu bedecken. Für diese Frau war dies der ausschlaggebende Punkt, die Flucht zu ergreifen und ihrer Familie den Rücken zu kehren. Nachdem ihr Mann zur Arbeit gegangen war, packte sie schleunigst ein paar Sachen zusammen, legte das Kopftuch ab und platzierte es in einen Suppenteller, neben den sie dann einen Zettel mit der türkischen Floskel »Afiyet olsun« (»Guten Appetit«) legte. Dann ließ sie sich von einer Freundin in ein Frauenhaus fahren, und nach einigen Jahren voller Todesangst lebt sie heute mit ihren Töchtern ein freies Leben.

Im Gegensatz zu einem Kopftuch sollte das Tragen eines Ganzkörperschleiers generell verboten werden. In einem modernen, fortschrittlichen und gleichberechtigten Land, wie Deutschland eines ist, dürfen Tschador, Niqab und Burka keine Toleranz erfahren. Diese Gefängnisse aus Stoff diskriminieren Frauen in einer Art und Weise, die wir weder erlauben noch dulden dürfen. Im Übrigen kann solch eine Bekleidung auch mit unserem Gesetz kollidieren, wenn man etwa das Vermummungsverbot, das für Versammlungen gilt, bedenkt.

Männer, die darauf bestehen, dass ihre Frau ohne ein solches Stoffungetüm das Haus nicht verlassen darf, müssen in einem Land Schutz und Hilfe suchen, welches die Unterdrückung der Frau auch heute noch praktiziert. In unserem Land darf dafür kein Platz sein, und das müssen wir den Menschen, die hier Schutz und Hilfe suchen, auch unmissverständlich klar machen. Frauenrechte dürfen nicht verhandelbar sein!

10. Kapitel

Missstände in der deutschen Bevölkerung fördern den Unmut

Den meisten Bürgern ist gewiss durchaus bewusst, dass es uns in Deutschland immer noch »verhältnismäßig« gut geht, auch wenn allein über 2,5 Millionen Kinder in Deutschland in der sogenannten Kinderarmut leben. Dennoch muss man der Tatsache ins Auge blicken, dass sich im Laufe der letzten Jahrzehnte viele Dinge in Deutschland maßgeblich verschlechtert haben. Dies führt zu einem immer größer werdenden Druck innerhalb der deutschen Bevölkerung. Und das ist nicht nur ein Gefühl, sondern auch durch fundierte Zahlen zu belegen:

Noch nie war der Anteil psychischer Erkrankungen so hoch wie heute. Ein Viertel der deutschen Bevölkerung leidet oder litt an einer Angststörung.[3] Die Anzahl der Menschen, die sich aufgrund psychischer Erkrankungen in eine

---

3 Quelle: statista.com

stationäre Therapie begeben mussten, stieg von 770 514 im Jahr 1994 auf 1 222 006 im Jahr 2013.[4] Wobei die Zahl der Einwohner hingegen sogar leicht gesunken ist (von 81,54 Millionen im Jahr 1994 auf 80,77 Millionen im Jahr 2013),[5] der unglaubliche Anstieg der Zahl der psychischen Erkrankungen somit nicht mit einer höheren Bevölkerungszahl zu begründen ist.

Diese Zahlen haben mich zum Nachdenken gebracht. Wenn Deutschland so ein reiches und fortschrittliches Land ist, wie kann es dann sein, dass unser Gesundheitssystem in seiner Ausgestaltung fortlaufend schlechter wird und manche sinnvollen Vorsorgeuntersuchungen (wie ein Ultraschall der weiblichen Geschlechtsorgane oder ein großes Blutbild) und Leistungen zunehmend nur noch den Menschen zur Verfügung stehen, die sie sich auch leisten können. Wie kann es sein, dass die Renten vieler Menschen, die ein Leben lang hart gearbeitet haben, nicht für einen würdigen Lebensabend reichen (die Diäten der Bundestagsabgeordneten hingegen sind großzügig bemessen und regelmäßig erhöht worden). Wie kann es sein, dass es immer noch viel zu wenig Kinderbetreuungsplätze gibt, welche aber so dringend notwendig wären, damit die Frau zum Familieneinkommen beitragen kann, da die meisten mit nur einem Verdienst in Deutschland schon lange kein wirklich gutes Auskommen mehr haben können. Wie kann es sein, dass Menschen, die womöglich vierzig Jahre lang oder länger in die Arbeitslosenversicherung eingezahlt haben, plötzlich gleichgestellt

---

4 Quelle: statista.com
5 Quelle: statista.com

sind mit Menschen, die unter Umständen noch nie in ihrem Leben gearbeitet haben?

Sollte ein Land in seiner Entwicklung nicht nach vorne gehen? Sollte man Sozialsysteme, Gesundheitssysteme und das Rentensystem nicht stetig verbessern? Stattdessen spart sich Deutschland kaputt, obwohl die deutsche Bevölkerung im Jahr 2014 Steuereinnahmen in einer Rekordhöhe von 593 Milliarden Euro in die Staatskasse gespült hat. So viel wie noch nie zuvor!

Und trotzdem ist ein Großteil unserer Schulen immer noch auf dem Stand der Siebzigerjahre. Die meisten sanitären Anlagen sind in katastrophalem Zustand. Es gibt zu wenig Geld für vernünftige Unterrichtsmaterialien (meine Tochter kam in der achten Klasse der Gesamtschule mit exakt demselben Englischbuch nach Hause, welches ich an dieser Schule achtzehn Jahre vorher schon benutzt hatte. Mein Name stand noch drin und das Buch war dermaßen zerfleddert und verdreckt, dass ich meiner Tochter auf eigene Kosten ein Neues gekauft habe. Mit dem ursprünglichen Buch hätte sie allenfalls mit Handschuhen arbeiten können). Viele Turnhallen sind völlig veraltet und mit uralten Sportgeräten ausgestattet. Etliche Schulbuslinien wurden ersatzlos gestrichen, weil die Regierung der Meinung war, dass man Kindern im Alter von sechs Jahren einen kilometerlangen Schulweg durchaus zumuten kann. Es werden immer mehr Jugendzentren geschlossen, obwohl sie erst vor einigen Jahren für die Betreuung und Freizeitgestaltung von Jugendlichen in den Dörfern eröffnet wurden, weil das Geld für die Miete und die Sozialarbeiter nicht mehr im Haushaltsplan der Kommunen berücksichtig werden kann. Denn die meisten Kommunen sind hoch verschuldet. Und schlussendlich ist unser Bildungssystem zu nennen, welches nach wie vor so beschaffen ist, dass Kinder und Jugendliche aus sozial schwachen, weniger gebildeten Familien von Anfang an geringere Chancen auf einen höheren Schulabschluss haben als die Kinder und Jugendlichen, die aus sozial stärkeren, gebildeten Elternhäusern kommen.

Bei alldem ist auch darauf hinzuweisen, dass es in Deutschland mittlerweile über 900 Tafeln mit über 3000 Tafel-Läden und Ausgabestellen gibt, die über 1,5 Millionen bedürftige Personen versorgen. Über 30 Prozent davon sind Kinder und Jugendliche. Tendenz steigend!

Hier stellt sich mir die Frage, ob ein so hochgelobter Sozialstaat, der es indessen notwendig macht, dass es die Tafel gibt, überhaupt ein guter Sozialstaat sein kann?

Die Krankenkassen und der Gesundheitsfonds haben Überschüsse von über 20 Milliarden Euro erwirtschaftet, aber wenn sich eine Frau bei ihrem Frauenarzt der Krebsvorsorge unterzieht und eine Ultraschalluntersuchung der Geschlechtsorgane haben möchte (und es gibt einige Erkrankungen, die man nur mit einer Ultraschalluntersuchung frühzeitig erkennen kann), dann muss sie dafür vierzig Euro aus eigener Tasche bezahlen. Freilich ein Problem für die Frauen, die diesen Betrag nicht halbwegs nebenbei vom knapp bemessenen Haushaltsgeld abzwacken können.

Ebenso wenig ist bei Neugeborenen seitens der Krankenkasse ein Herzultraschall vorgesehen, obwohl es schon längst zu den ganz normalen Vorsorgeuntersuchungen gehören sollte, da es Herzfehler gibt, die sich bei dem normalen Abhören des Herzens nicht zu erkennen geben und nur in einem Herzultraschall erkannt werden können. Jedes hundertste Baby wird mit einem Herzfehler geboren, der gut behandelt werden könnte, wenn er denn rechtzeitig entdeckt würde. Immerhin sind Herzfehler die zweithäufigste Todesursache bei Babys bis zum ersten Lebensjahr. Es ist mir unbegreiflich, warum die Krankenkassen eine solche Untersuchung nicht standardmäßig als nötige Vorsorgeuntersuchung sehen. Was nützen uns die Fortschritte in der Medizin, wenn sie nur den Besserverdienenden vorbehalten sind, weil die Krankenkassen sich nicht in der Zahlungspflicht sehen?

Ebenso unverständlich ist mir die Tatsache, dass es in Deutschland einen geplanten Ärztemangel gibt. Die Planer des Gemeinsamen Bundesausschusses von Ärzteschaft und Krankenkassen sind zum Beispiel der Meinung, dass ein Augenarzt für über 20 000 Menschen ausreichend ist. Dies hat zur Folge, dass die Terminvergabe beim Augenarzt mit einer Wartezeit zwischen sechs und acht Monaten erfolgt. Bei den anderen Facharztterminen sieht es nicht anders aus.

In der Kleinstadt, in der ich lebe, gibt es auch für über 20 000 Menschen nur eine Hautärztin. Auch dort wartet man im Durchschnitt sechs lange Monate auf einen Termin. Wenn man morgens um halb sieben an dieser Praxis vorbeiläuft, bekommt man folgendes Bild geboten: Zwischen zwanzig und dreißig Menschen stehen dort in einer Reihe. Sie warten darauf, dass die Praxis um acht Uhr öffnet und sie einen der wenigen und heiß begehrten Notfalltermine bekommen. In der Regel haben die ersten fünf Patienten

Glück und dürfen im Wartezimmer Platz nehmen, von wo aus sie dann nach einer mehrstündigen Wartezeit dazwischengeschoben werden. Die restlichen Menschen aus der Schlange werden mit ihren Ausschlägen, blutenden Muttermalen, Allergien und sonstigen Leiden wieder nach Hause geschickt und können ihr Glück am nächsten Tag erneut versuchen.

Ebenso katastrophal sind die Zustände in der Pflege. Meist werden weit über dreißig pflegebedürftige Personen von nur zwei Pflegekräften betreut. Im Nachtdienst ist es meist sogar nur eine Pflegefachkraft, die für das Wohlergehen der vielen Pflegebedürftigen zuständig ist. Dies hat zur Folge, dass diese hilfebedürftigen Menschen nur eine unzureichende Grundpflege erhalten und oft stundenlang in ihrem eigenen Kot und Urin liegen. Menschen, die bettlägerig sind, liegen oft den ganzen Tag ohne jegliche Betreuung oder Beschäftigung in ihrem Bett, weil die wenigen Pflegekräfte einfach nicht die Zeit finden, solche Patienten in einen Rollstuhl zu setzen und mit ihnen eine halbe Stunde im Park spazieren zu gehen oder ihnen etwas vorzulesen. Dazu kommt, dass ein Großteil der Arbeitszeit des Pflegepersonals gar nicht den Patienten zur Verfügung steht, da jeder Handgriff, jedes getrunkene Glas Wasser des Patienten und jede Ausscheidung akribisch genau dokumentiert werden müssen.

Infolgedessen ist das Pflegepersonal oft völlig überarbeitet und gereizt, was sich nicht selten in angewendeter Gewalt gegenüber den hilflosen Patienten entlädt. Aus diesem Grund hat Deutschland auch im Jahr 2001 vom UN-Menschenrechtsausschuss eine Rüge bekommen und wurde aufgefordert, dringende Maßnahmen zu ergreifen, um die Situation der Pflegebedürftigen vor Ort zu verbessern. Über zehn Jahre später – im Jahr 2011 – wurde diese Rüge wiederholt. Der Ausschuss stellte fest, dass sich die Pflegesituation in Deutschland immer noch in einem katastrophalen Zustand befindet, und erteilte Deutschland erneut eine Rüge.

Ich habe ein halbes Jahr in der ambulanten Altenpflege gearbeitet und konnte mir selbst ein Bild machen. Die vom medizinischen Dienst vorgegebenen Zeiten, die den Pflegekräften für die Pflege zur Verfügung stehen, sind fast lachhaft, wenn es nicht so traurig wäre.

Zwanzig Minuten Zeit hat man zum Beispiel, um einer komplett gelähmten Frau ein Vollbad zu gönnen. In dieser Zeit muss die Pflegekraft die Patientin ausziehen, vom Schlafzimmer ins Badezimmer bringen, mittels eines Badeliftes in die befüllte Badewanne setzen (die man am besten ebenfalls innerhalb des Zeitrahmens schon vorbereitet hat), die Patientin von Kopf bis Fuß inklusive der Haare waschen, die Patientin wieder aus der Badewanne herausholen, sie in ihr Schlafzimmer bringen, komplett abtrocknen und eincremen, frische Kleidung anziehen, Haare föhnen und die Patientin schließlich wieder fachgerecht in ihrem Bett lagern.

Jeder, der schon einmal einen komplett gelähmten Menschen gepflegt hat, weiß, was dies bedeutet.

Ich hatte das große Glück, dass ich bei einem Pflegedienst beschäftigt war, dessen Inhaberin ihren Job wirklich mit viel Liebe zu diesem Beruf ausübte und die das Wohl der Patienten immer in den Vordergrund rückte. Wir durften uns die Zeit nehmen, die wir für diese Patienten brauchten. Die Differenz zahlte sie aus ihrer eigenen Tasche. Ich muss gewiss nicht erwähnen, dass dieses Vorgehen in der Altenpflege die absolute Ausnahme ist, da bei fast allen Altenheimen und Pflegediensten der wirtschaftliche Gewinn im Vordergrund steht.

Steht nicht in unserem Grundgesetz, dass die Würde des Menschen unantastbar ist? Nun, das scheint für alte und behinderte Menschen hier in Deutschland keine volle Gültigkeit zu haben.

Was mich allerdings am meisten irritiert, ist die Tatsache, dass es für alte und pflegebedürftige Menschen, die ihre letzten Lebensjahre oft unter katastrophalen Bedingungen verbringen müssen, kaum Empathie unter der deutschen Bevölkerung und unseren Politikern zu geben scheint.

Spätestens seit der Reportage von Günter Wallraff im Jahr 2014, der die unglaublichen Missstände in der Altenpflege aufdeckte, weiß zumindest ein Teil der Bevölkerung darüber Bescheid. Über vier Millionen Menschen haben den Beitrag verfolgt, in dem zu sehen war, dass alte Menschen, die durchaus in der Lage gewesen wären, mit einer Pflegekraft die Toilette aufzusuchen, gezwungen wurden, sich einzunässen oder einzukoten, dass hilflose Patienten geschlagen wurden, dass man Menschen ohne jegliche richterliche Anordnung an ihr Bett fesselte und dass bettlägerige Patienten völlig verwahrlost und einsam, tagein und tagaus, komplett sich selbst überlassen, in ihrem Bett liegen mussten.

Wo waren da die lauten Stimmen aus der Bevölkerung und der Politik, die sich gegen solche Missstände ausgesprochen haben?

Diese Zustände passen nicht zu der Tatsache, dass wir hier in Deutschland im letzten Jahr über eine Million Flüchtlinge aufgenommen haben und manche von uns sich als große Wohltäter aufspielen.

Natürlich ist es richtig, dass wir Menschen, die in ihrem Heimatland durch den Krieg alles verloren haben, Schutz und Zuflucht bieten. Niemand, der auch nur über einen Hauch Intelligenz verfügt, wird sich dagegen aussprechen. In solch einem Fall geht es nicht darum, woher ein Mensch kommt oder welcher Religion oder Kultur er angehört. Hier geht es darum, Leben zu retten und eine Perspektive zu bieten. Dass Deutschland in diesen Fällen schnell und unbürokratisch hilft, macht mich stolz auf mein Land. Es macht mich auch stolz, wie schnell sich die Deutschen zu Hilfsverbänden zusammengeschlossen haben und ihr Bestes geben, um den Aufenthalt der Flüchtlinge hier überhaupt erst möglich zu machen, denn ein Großteil der Kräfte, die unermüdlich Zeltstädte aufbauen, Spenden sammeln und die Flüchtlinge nach ihrer Ankunft betreuen, tun dies, wie schon mehrmals erwähnt, ehrenamtlich.

Was mich an unserer Flüchtlingspolitik allerdings in erster Linie stört, ist die mangelnde Transparenz und das Leugnen von Problemen, die nun mal zwangsläufig auftreten, wenn man einen Zuwachs in dieser Dimension zu stemmen hat.

Wenn man die Diskussionen bezüglich der Flüchtlings-situation in Deutschland in den sozialen Netzwerken und den Medien verfolgt, könnte man dem Irrglauben erliegen, dass es in Deutschland plötzlich nur noch zwei Sorten Menschen gibt. Die sogenannten Rechtsradikalen und die sogenannten Weltverbesserer. Dazwischen scheint es nichts mehr zu geben. Kann es tatsächlich sein, dass ein ganzes Land seine Fähigkeit zur Differenzierung so plötzlich verloren hat?

Was aber ist das, was die Menschen regelrecht in zwei Lager aufgespalten hat? Ich bin der Meinung, dass es Angst ist, welche die Menschen nicht mehr klar denken lässt.

Wenn diese Angst allerdings so weit führt, dass offensichtliche Probleme, die durch den Flüchtlingszustrom erzeugt werden, verleugnet werden, und Menschen, die auf diese Probleme aufmerksam machen, verleumdet und beleidigt werden, Medien nicht mehr neutral berichten und jeder, der sich auch nur im Ansatz kritisch in Anbetracht der stetig steigenden Flüchtlingszahlen äußert, als Rechtsradikaler bezeichnet wird, dann läuft hier etwas grundlegend verkehrt in unserem Land, welches unter anderem immer für seine Meinungsfreiheit gelobt wurde.

Auch hier an erster Stelle: Wir haben rechtsradikale Menschen in Deutschland. Sie leben mitten unter uns, und sie sind in ihrem Tun und Wirken äußerst gefährlich! Diese Menschen, die Ausländer hassen, ganz einfach weil sie Ausländer sind, die ihre rechtsgerichteten Parolen unter die Menschen bringen, sich vor Erstaufnahmeeinrichtungen versammeln und dort gegen die Unterbringung von Flüchtlingen demonstrieren, die in den sozialen Netzwerken absichtlich ein falsches Bild von den in Deutschland lebenden Flüchtlingen wiedergeben, die Flüchtlingsunterkünfte bewusst zerstören und gewalttätig gegenüber den hier lebenden Ausländern werden, müssen mit aller Härte des Gesetzes bestraft werden. Man darf ihnen gegenüber keinerlei Toleranz walten lassen.

Laut der letzten Statistik[6] sind dies ungefähr 25 000 Menschen. Eine verschwindend geringe Zahl, wenn man bedenkt, dass in Deutschland über 80 Millionen Menschen zusammenleben (trotzdem sind es 25 000 Rechtsradikale zu viel). Wenn man sich allerdings in den sozialen Netzwerken umsieht, den Medienberichten und den Ausführungen unserer Politiker folgt, muss die Zahl der Rechtsradikalen einen ungeheuren Sprung nach oben gemacht haben. Dann könnte man mitunter geradezu meinen, die Zahl sei von 25 000 auf die Hälfte der deutschen Bevölkerung gestiegen. Denn jeder, der sich kritisch mit unserer Lage auseinandersetzt (und das ist eben ungefähr die Hälfte der deutschen Bevölkerung) und dies auch ausspricht, wird schnell als »brauner Mob«, »Nazischwein«, »Rassist« oder »Ausländerhasser« beschimpft.

Ist das unsere vielgerühmte Meinungsfreiheit?

In einem fortschrittlichen und liberalen Staat muss eine Diskussion über ein solch sensibles Thema möglich sein, ohne dass die Menschen Angst haben müssen, plötzlich einer Gruppierung zugeordnet zu werden, mit der sie in der Realität keinerlei Berührungspunkte haben.

Warum gibt es bezüglich des Flüchtlingsstroms keine transparente Informationspolitik für die Bürger?

Dinge, die im Ungewissen liegen, können Ängste verursachen. Warum werden die Menschen nicht endlich umfänglich informiert? Stattdessen werden über Nacht ganze

---

6 Quelle: Netz-gegen-Nazis.de

Zeltstädte aus dem Boden gestampft, Turnhallen und Bürgerhäuser zweckentfremdet und Schulen für Flüchtlinge geräumt. Überall mangelt es am Notwendigsten und ein Ende des Flüchtlingsstroms ist noch lange nicht in Sicht.

Auch wenn die Zeit in den meisten Fällen knapp ist, darf der Dialog zwischen den Politikern und den Bürgern nicht abreißen, denn das verunsichert nur zusätzlich und sorgt für neuen Brennstoff.

Vielleicht könnte hier die Einrichtung eines Newsletters hilfreich sein, für den die Bürger einer Stadt oder eines Landkreises sich eintragen können, damit sie auf einem möglichst kurzen und unaufwendigen Weg von den Behörden über aktuelle Geschehnisse informiert werden können.

Bereits im Jahr 2014 war Deutschland mit 211 195 unbearbeiteten Asylanträgen einsamer Spitzenreiter der aufnehmenden Länder. An zweiter Stelle lag Schweden mit gerade mal 54 325 unbearbeiteten Anträgen. Es kann nicht ernsthaft als Rechtsradikalismus bezeichnet werden, wenn Menschen in Deutschland sich Gedanken darüber machen, wie es weitergehen soll. Der Krieg in Syrien ist noch in vollem Gange und die Anhänger des Islamischen Staats beabsichtigen, noch mit weiteren Ländern in den Krieg zu treten. Ihr Ziel haben sie klar definiert. Der Islamische Staat strebt die Weltherrschaft an. Jeder weiß, dass die Anhänger des IS grausam, kaltblütig und ohne Skrupel vorgehen. Auch die Menschen aus den zukünftigen Kriegsgebieten werden bei uns Schutz suchen.

Wie werden wir diesen notwendigen Schutz gewährleisten? Können wir das dann überhaupt noch? Warum wird an keiner Strategie gearbeitet, um den Krieg in Syrien zu beenden und die Kämpfer des IS-Terrors wirksam zu bekämpfen? Das ist die Wurzel des Übels! Warum schaut unsere Politik tatenlos zu, wie sich eine grausame und menschenverachtende Organisation immer weiter ausbreitet und unter Umständen auch in absehbarer Zeit eine Gefahr für Deutschland darstellt? Warum scheint es von den Politikern niemand ernst genug zu nehmen, wenn die Oberhäupter dieser Kämpfer (die ihre Grausamkeit schon tausendfach unter Beweis gestellt haben) ankündigen, die Weltherrschaft an sich reißen zu wollen und Deutschland als erklärten Feind sehen? Wo bleibt da die Empathie für die vielen, vielen Menschen, die unter grausamsten Umständen durch die IS-Kämpfer ihr Leben verloren haben? Wäre bisher ein Deutscher in die Fänge dieser Bestien geraten, den man dann in einen Käfig gesperrt und mit Benzin angezündet hätte, wäre das Geschrei groß gewesen. Es macht die Sache natürlich nicht besser, dass es bisher vorwiegend Amerikaner, Syrer und Kurden waren?

Dazu stellt sich mir die Frage, ob es richtig ist, dass die Flüchtlinge dem Islamischen Staat ihr Land überlassen. Wer soll es zurückerobern? Wie soll es in den Heimatländern der Flüchtlinge weitergehen? Wäre es nicht sinnvoller, dass Deutschland und die anderen EU-Länder die Menschen dort im Kampf gegen den islamischen Staat unterstützen und ihnen anschließend beim Wiederaufbau helfen?

Mit jedem Menschen, den wir hier aus diesen Kriegsgebieten bei uns aufnehmen, retten wir zwar zunächst ein Menschenleben, aber wir stärken und unterstützen auch den Islamischen Staat in seinem barbarischen Treiben, denn wir sorgen dafür, dass er sich ungehindert in diesen Gebieten ausbreiten kann. Man muss kein Prophet sein, um zu wissen, dass dieses Land für die Vertriebenen unwiederbringlich verloren ist, wenn ihnen niemand hilft, es zurückzuerobern.

Was könnte die richtige Strategie sein?

Auf all diese Fragen gibt es seitens unserer Regierung keine wirklich umfassenden und zureichenden Antworten.

Natürlich wissen die Bürger den Bürgerdialog unserer Kanzlerin »Gut leben in Deutschland« zu schätzen. Sie wurde auf die Tatsache angesprochen, dass es in Duisburg ganze Straßenzüge gibt, die in der Hand von ausländischen Familienclans und mittlerweile fast zu einem rechtsfreien Raum geworden sind, weil sich nicht einmal mehr die Polizei dorthin traut. Wenn sie darauf antwortet, dass es eben schwierig sei, diese Strukturen aufzubrechen und eine Verurteilung zu bekommen (wörtlich sagte sie noch: »Das ist ein dickes Brett, was wir da zu bohren haben. Wir müssen daran arbeiten.«), dann schafft das nicht gerade Vertrauen in die Zukunft und lässt Zweifel aufkommen, ob es uns wirklich gelingen wird, die vielen Asylsuchenden in unserem Land auf Dauer zu integrieren.

Solche Clanmitglieder gehören im Übrigen nicht verurteilt, sondern konsequent ausgewiesen, und fast schon leichthin geäußerte Sprüche wie »Das ist ein dickes Brett, was wir da zu bohren haben« sind der Situation absolut nicht angemessen.

11. KAPITEL

Vom Umgang mit Gewalt und Gewaltbereitschaft

Wenn wir über die Flüchtlingssituation in Deutschland reden, müssen wir uns auch dem Thema Gewalt widmen. Diese Erfahrung muss ich im Rahmen meiner Flüchtlingsarbeit leider immer wieder machen. Viele der Flüchtlinge haben Schreckliches erlebt. Immerhin hat ein Teil der Menschen direkt in einem Kriegsgebiet gelebt, und unzählige Bombenangriffe, Schikanen und eine unglaubliche Gewalt gehörte für einen langen Zeitraum zu ihrem täglichen Leben.

Das hat in den Seelen dieser Menschen tiefe Spuren hinterlassen.

Dazu kommt, dass sie fast alle aus Ländern stammen, in denen sie mindestens zeitweilig in einer Diktatur leben mussten und Gewalt auch seitens der Staats- und Rechtsorgane an der Tagesordnung ist.

In Deutschland angekommen, leben sie zunächst wieder in einer Extremsituation. Sie haben keine Privatsphäre und müssen sich ihr Leben mit vielen fremden Menschen, oft auf engstem Raum, einrichten. Dies führt meiner Erfahrung nach dazu, dass bei vielen Flüchtlingen eine im Vergleich zu einem Normalmaß erhöhte Gewaltbereitschaft herrscht.

Leider ist die Versorgung der psychischen Gesundheit der Asylsuchenden aufgrund von oft auf Monate hinaus ausgebuchten Psychologen mehr als mangelhaft. Es genügen dann kleinste Anlässe, um es zu einer Gewaltattacke kommen zu lassen. Diese kann jeden treffen. Mitbewohner, Hilfskräfte oder auch völlig Unbeteiligte.

Ich selbst habe die Erfahrung gemacht, dass solche Vorkommnisse in der Öffentlichkeit gerne unter den berühmten Teppich gekehrt werden. Mir sind die Beweggründe durchaus bewusst. Man möchte die ausländerfeindlichen Bürger nicht in ihren Argumenten stärken und man möchte die Bevölkerung nicht verunsichern. Ob dies allerdings der richtige Weg ist, bezweifele ich stark. Meiner Meinung nach stärkt man mit dem Schweigen die Position der Täter und schwächt die Opfer.

Ich selbst wurde schon Zeugin der unglaublichen Gewaltbereitschaft mancher Flüchtlinge. Als wir vor einigen Wochen in einer der Gemeinschaftsunterkünfte eine Besprechung mit allen Deutschlehrkräften hatten, rauchte ich mit dem Leiter der Lehrkräfte vor der Unterkunft noch eine Zigarette. Die anderen Deutschlehrer waren schon gegangen.

Wir wollten ebenfalls gerade den Heimweg antreten, als plötzlich einer der Bewohner aufgeregt nach draußen stürmte und uns aufforderte, ihm zu folgen, da es zwischen einem Flüchtling und dem Sohn des Hausmeisters zu einer Auseinandersetzung gekommen sei.

Als wir in den Flur traten, bot sich uns ein unschönes Bild. Der Hausmeistersohn lehnte benommen an der Wand. Überall in seinem Gesicht waren Blutspuren und eine Stelle an seinem Kopf war stark angeschwollen. Es war offensichtlich, dass er gerade zusammengeschlagen wurde. Als der Täter uns kommen sah, wollte er flüchten, aber mein Kollege schnappte sich ihn geistesgegenwärtig, während ich mich um den Hausmeistersohn kümmerte. Obwohl er mit seinen etwas über zwanzig Jahren nicht schwächlich gebaut war, hatte er offensichtlich schwere Schläge einstecken müssen.

Während mein Kollege sich um den Täter kümmerte, nahm ich das Angebot eines anderen Flüchtlings an, den Sohn des Hausmeisters in dessen Zimmer zu bringen, damit ich mir die Verletzungen in Ruhe anschauen konnte. Mir war schnell klar, dass er in ein Krankenhaus musste und so informierte ich mit seinem Einverständnis einen Rettungswagen und die Polizei. Während wir auf die Einsatzkräfte warteten, erzählte er mir, was sich zugetragen hatte.

Er hatte einen Anruf von einer der Familien aus der Gemeinschaftsunterkunft bekommen, die sich beschwerte, dass es in dem Haus sehr laut zugehe und die Kinder nicht schlafen könnten.

Daraufhin hatte er sich in sein Auto gesetzt und war zu der Unterkunft gefahren, um für Ruhe zu sorgen. Immerhin gingen die meisten Kinder der Unterkunft bereits in den Kindergarten oder sogar zur Schule und es war wichtig, dass sie genügend Schlaf bekamen.

Als er in der Unterkunft angekommen war, hörte er aus einem der Zimmer lautes Geschrei. Auf sein Klopfen hin wurde ihm geöffnet. In dem Zimmer befanden sich mehrere Bewohner und ein Besucher, der in einer der anderen Gemeinschaftsunterkünfte der Stadt untergebracht war. Dieser war offensichtlich mit einem der in dem Zimmer anwesenden Flüchtlinge in Streit geraten und lieferte sich ein lautstarkes Wortduell mit ihm.

Nachdem der Sohn des Hausmeisters ihn mehrmals darum gebeten hatte, seine Lautstärke zu drosseln, und der Störenfried daraufhin nur noch lauter brüllte, forderte er ihn auf, das Haus zu verlassen. Daraufhin wurde er ohne Vorwarnung von dem Asylsuchenden angegriffen. Dieser schlug ihm mehrmals mit der Faust ins Gesicht. Jeder Versuch des Hausmeistersohns, sich zu wehren, scheiterte und führte nur dazu, dass er schließlich zu Boden geprügelt wurde.

Ich konnte in Anbetracht dieser Schilderung nur mit dem Kopf schütteln. Ich kannte den Täter vom Sehen und er war einer der Flüchtlinge, die schon etwas länger in unserer Kleinstadt untergebracht waren, während er auf den Ausgang seines Asylverfahrens wartete. Er kannte die Regeln, die in den Gemeinschaftsunterkünften herrschten, sehr genau und sprach sogar schon ziemlich gut Deutsch. Ich konnte nicht verstehen, was da in ihn gefahren war, dass er derart gewalttätig wurde.

Während ich den Sohn des Hausmeisters beruhigte, traf endlich der Rettungswagen ein. Ein kurzer Blick auf die Verletzungen genügte und die Sanitäter beschlossen, ihn mitzunehmen und im Krankenhaus gründlich untersuchen zu lassen. Der Kopf musste auf jeden Fall geröntgt und die Platzwunden mussten versorgt werden.

Nachdem sich die Sanitäter um den jungen Mann kümmerten, ging ich nach draußen, um nachzuschauen, ob die Polizei auch schon eingetroffen war, aber es war weit und breit kein Einsatzwagen zu sehen. Vor dem Haus hatten sich mittlerweile einige Flüchtlinge versammelt, die natürlich wissen wollten, was los war. Ich erklärte es ihnen mit ein paar Worten. Währenddessen kümmerte sich mein Kollege weiterhin um den Täter. Die beiden standen in einer Ecke und zu meiner großen Erleichterung startete der junge Flüchtling keinerlei Versuche abzuhauen.

Die Sanitäter hatten den Hausmeistersohn gerade in den Krankenwagen verfrachtet, als auch der Streifenwagen eintraf. Die beiden Beamten suchten zuerst das Gespräch mit dem Sohn des Hausmeisters und fragten ihn, ob er eine Anzeige erstatten wolle. Er bejahte dies. Die Polizisten wiesen ihn an, sich auf der Wache zu melden, wenn es ihm wieder besser gehe. Dann wandten sie sich an meinen Kollegen, der ihnen die Papiere des Schlägers aushändigte.

Der beantwortete ziemlich cool alle Fragen, die er von den beiden Beamten gestellt bekam. Ich beobachtete ihn genau. Er schien mir weder besonders aufgeregt noch irgendwie angespannt zu sein, in Anbetracht der Tatsache, dass er gerade eine schwere Körperverletzung begangen hatte und damit rechnen musste, dass die Beamten ihn nun mit auf die Wache nehmen würden. Zu meinem großen Erstaunen händigten ihm die Polizisten aber lediglich seine Papiere wieder aus und erwähnten fast schon beiläufig, dass er Nachricht bekommen werde. Dann stiegen sie wieder in ihren Streifenwagen und fuhren davon.

Mein Kollege von der Flüchtlingshilfe warf mir einen erstaunten Blick zu. Er hatte wohl, wie ich, felsenfest damit gerechnet, dass man den jungen Mann mit auf die Wache nehmen würde. Dieser stand nun lässig neben uns. Die Hände hatte er in die Hosentaschen gestopft und seine Lippen umspielte ein Lächeln. Ein Teil der anderen Hausbewohner stand ebenfalls noch bei uns und sie unterhielten sich auf Arabisch.

Ich fragte den Schläger direkt und ohne Umschweife, was er sich dabei gedacht habe, auf den Sohn des Hausmeisters einzuprügeln? Schlagartig verschwand das Lächeln aus seinem Gesicht und er schaute mich ernst an. Er habe ihm gegenüber nicht genügend Respekt gezeigt und da habe er die Beherrschung verloren, war die lapidare Erklärung, die dafür sorgte, dass ich ein unangenehmes Ziehen in der Magengegend bekam.

Es tue ihm aber leid, fügte er noch schnell hinzu. Mir fiel es in Anbetracht seines Verhaltens zwar schwer, das zu glauben, aber diesen Gedanken behielt ich besser für mich. Ich erklärte dem jungen Mann allerdings, dass so ein Verhalten keinesfalls akzeptabel sei und er mit solchen Gewaltausbrüchen lediglich dafür sorge, dass die Akzeptanz von Flüchtlingen in der Bevölkerung drastisch abnehme. Niemand wolle zusätzliche Schläger aufnehmen. Er zuckte entschuldigend mit den Schultern und meinte, es werde nicht mehr vorkommen.

In den nachfolgenden Tagen studierte ich aufmerksam die örtliche Presse, aber der Vorfall wurde mit keinem Wort thematisiert. Stattdessen hatte ich zwei Tage später eine Verschwiegenheitserklärung der Ehrenamtsagentur in meinem E-Mail-Postfach, in der stand, dass ich über alle Ereignisse während meiner Tätigkeit als Flüchtlingshelferin zu schweigen hätte. Ich wurde gebeten, diese Erklärung umgehend zu unterzeichnen und an das Büro der Ehrenamtsagentur zurückzusenden. Andernfalls würde ich von der Flüchtlingsarbeit ausgeschlossen werden.

Ich weiß bis heute nicht, ob die Versendung dieser Erklärung kurz nach diesem Vorfall lediglich ein Zufall war oder ob man Angst hatte, dass die Asylgegner mit der öffentlichen Bekanntwerdung solcher Gewaltattacken gestärkt würden.

Nun, ich habe diese Erklärung bis zum heutigen Tage nicht unterschrieben, da eine Unterschrift unter diesem Papier bedeuten würde, dass ich mich in meinen persönlichen Möglichkeiten, mir Zuspruch und Hilfe zu besorgen, wenn mir während meiner Tätigkeit als Flüchtlingshelferin Dinge passieren, die ich alleine nicht verarbeiten könnte, stark beschränken würde.

12. KAPITEL

Von Fehlinformationen, *Bezness* und politischem Mut

Nachdem ich schon eine ganze Weile in der Flüchtlings-hilfe tätig war, musste ich feststellen, dass die Unzu-friedenheit bei vielen Flüchtlingen stetig wuchs. Teilweise konnte ich das nachvollziehen. Natürlich war die Unter-bringung nicht optimal und sicherlich hatten sie sich hier in Deutschland manches einfacher vorgestellt.

Trotzdem verstand ich es oft nicht, wenn die Flüchtlinge von mir ein Haus und eine gut bezahlte Arbeitsstelle for-derten, und das meist nur wenige Wochen, nachdem sie in Deutschland angekommen waren. Ein Phänomen, das ich etwa seinerzeit auch bei den Flüchtlingen beobachtet hatte, die mit einer nicht angemeldeten, aber geduldeten Demonstration ein Haus und besseres Essen einforderten. Zählte ein sicheres Dach über dem Kopf, genügend Essen und eine Menge hilfsbereite Leute denn gar nichts? Manch-mal verstand ich die Welt nicht mehr. Manche Flüchtlinge erzählten mir, dass sie vor den Bomben davongelaufen seien und sich in letzter Sekunde in Sicherheit gebracht hätten – und beschwerten sich nur ein paar Sekunden später darüber, dass sie in Deutschland noch kein Haus bekommen hatten.

Ich beschloss, auch diese Erlebnisse zum Anlass zu nehmen, der Sache auf den Grund zu gehen, und suchte das Gespräch mit diesen Menschen. Auf meine Frage, wie sie darauf kommen würden, dass man ihnen in Deutschland ein eigenes Haus zur Verfügung stellen werde, bekam ich immer dieselbe Antwort: Weil man sich das bei ihnen zu Hause erzählen würde. Und Flüchtlinge, die es bereits nach Deutschland geschafft hätten, würden mit ihren Handys Fotos von Häusern, Autos und Bargeld zu ihren Familien schicken und berichten, wie gut es ihnen hier gehen würde.

Auch große arabische Webseiten und sogar einige arabische TV-Sender würden darüber berichten, dass man in Deutschland mit allem bestens versorgt wird und eine Menge Geld erhält, ohne dafür arbeiten zu müssen.

Für einen kurzen Moment war ich fassungslos. Ich hatte zwar vor einiger Zeit eine entsprechende TV-Reportage mit einer Mitarbeiterin der UN-Flüchtlingshilfe gesehen, in der man Flüchtlinge interviewt hatte, die genau dasselbe erzählt haben, aber wirklich glauben wollte ich es damals nicht.

Ob diesen Flüchtlingen denn nicht klar wäre, dass sie mit diesem Verhalten auch Menschen zu einer Flucht animieren würden, die gar nicht direkt vom Krieg betroffen wären, aber sich ein finanziell besseres Leben für sich und ihre Familien erhoffen würden, wollte ich wissen.

Die Antworten waren eindeutig. Die Flüchtlinge, die es bis nach Deutschland geschafft hatten, schämten sich zuzugeben, dass das, was man ihnen erzählt hatte, zu einem großen Teil nicht den Tatsachen entsprach. In ihren Augen galt Deutschland schon immer als eines der reichsten Länder der Erde und für sie war es jenseits jeder Vorstellungskraft, dass es auch hier Menschen gibt, die kein Dach über dem Kopf haben und sich auf der Straße durchs Leben schlagen müssen. In den Herkunftsländern denkt man offensichtlich wirklich, dass man hier in Deutschland monatlich so viel Geld bekommt, dass man bis ans Ende seines Lebens nie wieder arbeiten muss. Wenn man bedenkt, dass unser Hartz-IV-Satz weit über dem liegt, was man in den Herkunftsländern mit einer Vollzeitarbeitsstelle verdienen kann, ist dieses Denken auch durchaus nachvollziehbar. Allerdings bedenken die Menschen dabei nicht, dass unsere Lebenshaltungskosten um ein Vielfaches höher sind.

Nun verstand ich auch, warum viele der Flüchtlinge so unzufrieden waren, wenn sie in eine der Gemeinschaftsunterkünfte umziehen sollten. Sie hatten wirklich angenommen, nach der Unterbringung in einer der zahlreichen Erstaufnahmeeinrichtungen sofort in ein eigenes Haus umziehen zu können. Wenn sie dann sahen, dass es sich wieder nur um eine Unterkunft handelte, die sie sich mit vielen anderen teilen mussten, verstanden sie die Welt nicht mehr, denn schließlich war das ja eine ganz andere Situation als die, die sie von den anderen Flüchtlingen geschildert bekommen hatten.

Es bestätigte sich hier wohl auch ein Phänomen, von dem schon seit Längerem die Rede war: Immer wieder war im

Zusammenhang mit den Kriegsflüchtlingen auch von den sogenannten Wirtschaftsflüchtlingen die Rede. Diese Menschen nutzten das Chaos für sich aus, welches durch die plötzliche Massenflucht aus den Kriegsländern entstanden war und dafür gesorgt hatte, dass viele Menschen ganz ohne Ausweispapiere und Registrierung nach Deutschland gelangen konnten. In Deutschland zu leben war schon immer das Ziel vieler Menschen, die aus den ärmeren Ländern dieser Welt kommen. Dadurch ist zum Beispiel auch Bezness entstanden. Bezness, entstanden aus dem englischen Wort *business*, ist die Bezeichnung für eine angestrebte Heirat zwischen einem Mann oder einer Frau aus einem der ärmeren Länder und einem/r deutschen Staatsbürger/in. Ziel dabei ist, nach einer dreijährigen Ehedauer eine unbefristete Aufenthaltserlaubnis für Deutschland zu erhalten. Opfer sind vorwiegend alleinstehende Frauen und manchmal auch Männer, die in den Herkunftsländern der Beznesser Urlaub machen und dort die große Liebe vorgespielt bekommen. Die Beznesser sind in der Wahl ihrer Opfer nicht zimperlich und selbst ein Altersunterschied von zwanzig Jahren und mehr scheint kein Problem darzustellen. Die Opfer sind natürlich geschmeichelt, dass sich eine wesentlich jüngere Person offensichtlich in sie verliebt hat und die Falle schnappt zu.

Mittlerweile wird sogar in vielen Reiseführern vor Bezness gewarnt, aber die Zahl der Opfer ist in den letzten Jahren trotzdem stetig gestiegen.

Durch die Flüchtlingswelle hat sich für diese Wirtschaftsflüchtlinge allerdings vieles vereinfacht. Plötzlich brauchen sie nicht mehr den bis über beide Ohren verliebten Gentleman zu spielen, sondern schließen sich – vergleichsweise einfach – den Kriegsflüchtlingen an.

Zu verlockend ist die Aussicht auf ein sorgenfreies Leben in Deutschland. Dass dies aber gar nicht den Tatsachen entspricht und Deutschland nicht das erwartete Schlaraffenland ist, merken sie erst, wenn sie hier sind, und da diese Menschen in der Regel ohne Ausweispapiere hierherkommen – sie stammen ja aus zwar armen, aber als sicher geltenden Ländern –, ist eine Rückkehr in ihr Heimatland nicht mehr ohne Weiteres möglich.

Unsere Regierung kennt diese Problematiken, und ich denke schon lange darüber nach, dass eigentlich ein kurzer informativer Film erstellt werden müsste, der an geeigneten Stellen im Netz zur Verfügung gestellt wird und die Flüchtlinge auf das vorbereitet, was sie hier in Deutschland wirklich erwartet. Wenn sie hierher kommen, müssen sie das mit realistischen Vorstellungen tun. Das würde ihnen viel Frust und Enttäuschung ersparen und vor allem auch die vielen Schleuser Lügen strafen, die den Flüchtlingen ebenfalls – aus wieder anderen Gründen als etwa Verwandte – erzählen, dass es hier in Deutschland alles im Überfluss gibt, nämlich um unentschlossene Flüchtlinge zur Flucht zu bewegen und damit viel Geld zu verdienen.

Vielleicht würde ein offener und ehrlicher Film über die Umstände, unter denen die Flüchtlinge hier für die erste Zeit leben müssen, auch transparent machen, dass in Deutschland keineswegs phantastische Wunderwelten zu erwarten sind und dass sich auch ein Verbleib in Ungarn oder Tschechien als in Betracht zu ziehende Möglichkeit erweisen kann.

Viele der zur Aufnahme von Asylsuchenden verpflichtete Länder stehen nämlich vor dem Problem, dass die dort ankommenden Flüchtlinge unbedingt nach Deutschland oder Österreich weiterreisen wollen und sich mit allen zur Verfügung stehenden Mitteln dagegen wehren, registriert zu werden. Flüchtlinge wissen, dass sie im Normalfall dazu verpflichtet sind, in dem als sicher geltenden Land einen Antrag auf Asyl zu stellen, welches sie als erstes erreicht haben.

Ich sprach es bereits an: Meiner Meinung nach war es ein völlig falsches Signal, die ersten Flüchtlinge in Deutschland wie Popstars zu begrüßen, und ich frage mich heute noch, was unsere Bundeskanzlerin sich dabei gedacht hat, als sie immer wieder Selfies mit Flüchtlingen gemacht hat, die anschließend um die Welt gingen.

Solch ein Verhalten ist ja geradezu eine Aufforderung an die geflüchteten Menschen, es unbedingt und unter allen Umständen bis nach Deutschland schaffen zu wollen.

Dies wäre kein Problem, wenn wir hier auch nur annähernd in der Lage wären, all diese Menschen auch auf Dauer vernünftig unterzubringen und zu integrieren. Da wir meiner Einschätzung und Erfahrung nach zurzeit aber weder das eine noch das andere können, wäre es besser gewesen, dieses der Situation nicht angemessene Verhalten nicht an den Tag zu legen und mit weit weniger großen Emotionen an die Sache heranzugehen.

Hinzu kommt, dass die Hilfsbereitschaft der Bevölkerung merklich nachgelassen hat, und von den vielen Menschen, die einst jubelnd an den Bahnhöfen und vor den Flüchtlings-unterkünften standen, ist heute fast niemand mehr in der Flüchtlingshilfe tätig. Das ist enttäuschend und ärgerlich.

Ein Umstand, den ich gerade hier in unserer Kleinstadt vorgeführt bekomme, bereitet mir Sorgen. Wir haben hier wirklich viele engagierte Menschen, die alles tun, damit es zu einem harmonischen Miteinander zwischen Geflüchte-ten und Einheimischen kommt. Es werden Feste organisiert, Spenden gesammelt, Deutschstunden gegeben, Praktikums-plätze organisiert und viele weitere und vor allem wichtige Hilfestellungen geleistet. Alle Engagierten investieren viel Zeit in die hier lebenden Asylsuchenden, weil uns ein gu-tes Miteinander wichtig ist. Wir stellen uns in unserem Tun nicht in den Mittelpunkt, sondern arbeiten unauffällig und gut vernetzt miteinander.

Und dann gibt es noch die Sorte Menschen in unserer Stadt, die jeden verbal angreifen, der sich auch nur im An-satz kritisch mit der derzeitigen Flüchtlingspolitik ausein-andersetzt, die bei jeder sich bietenden Gelegenheit in eine Kamera grinsen und betonen, wie sehr sie die rechte Szene verurteilen und wie froh sie sind, dass die Flüchtlinge hier sind und dass sie es als echte Bereicherung empfinden, dass wir nun so multikulturell sind.

Es handelt sich dabei übrigens in erstaunlich vielen Fällen um Menschen, die sich politisch engagieren. Bemerkenswert ist aber auch, dass nicht ein Einziger von ihnen aktiv in der Flüchtlingshilfe tätig ist und sich dort in irgendeiner Form sinnvoll einbringt. Natürlich habe ich mir die Frage gestellt, ob dies nur hier bei uns so ist oder ob es solche Menschen auch in anderen Städten gibt, die die Flüchtlingssituation lediglich dazu nutzen, politisch zu punkten, aber selbst nicht einen einzigen Handgriff tun, um die Situation der Flüchtlinge zu verbessern. Und siehe da, nach Rücksprache mit einigen Flüchtlingshelfern, die in anderen Städten tätig sind, stellte sich heraus, dass dieses Phänomen wohl auch woanders zu beobachten ist.

Wie bereits angemerkt, ärgert mich das sehr. Es ist einfach, mit dem Finger auf andere zu zeigen, die auch mal den Mut haben (ja, da gehört leider heute schon eine Portion Mut dazu), Dinge anzusprechen, die in einem negativen Zusammenhang mit den Flüchtlingen stehen. Es liegt doch einfach in der Natur der Sache, dass die Aufnahme von über einer Million Menschen in so kurzer Zeit auch Probleme mit sich bringt, und es wäre äußerst naiv zu denken, dass diese Situation keine Gefahren und Probleme mit sich bringt.

Anstatt also Menschen zu verurteilen, die auf diese Probleme aufmerksam machen und die dadurch versuchen, Lösungen zu finden, sollte sich doch jeder zunächst einmal selbst ein Bild machen und sich an die Orte begeben und dort helfen, wo es tatsächlich nottut – und das sind die Erstaufnahme- und die Gemeinschaftsunterkünfte. Und nicht die Stehplätze vor den Fernsehkameras und auch nicht die Foren der sozialen Netzwerke!

13. Kapitel

Was ist eigentlich ein Einzelfall?

Wann immer man in dieser Zeit in den sozialen Netzwerken oder den öffentlichen Medien unterwegs ist, stolpert man über das Wort Einzelfall. Meist erscheint dieses Wort in Verbindung mit Straftaten, die durch Flüchtlinge begangen wurden. Auch ich kann besten Gewissens behaupten, dass es sich in unserer Stadt um Einzelfälle handelt, wenn die Straftäter Asylsuchende sind. Natürlich gab es bei uns auch schon mehrere Schlägereien, sexuelle Belästigungen und Ladendiebstähle. Das ist so und das kann man weder beschönigen noch verschweigen. Warum sollte man auch?

Wir haben eine Erstaufnahmeeinrichtung, die im Durchschnitt mit 400 bis 600 Menschen belegt ist. Die Belegung wechselt alle paar Wochen. Wenn die Registrierung abgeschlossen ist, werden die Flüchtlinge auf andere Städte und Orte verteilt und es werden neue Flüchtlinge dort untergebracht. Dazu kommen noch über 200 Flüchtlinge, die unserer Stadt zugewiesen wurden und die in einer der Gemeinschaftsunterkünfte untergebracht sind. Diese Menschen bleiben mindestens so lange, bis über ihren Asylantrag entschieden wurde. Bei einem positiven Bescheid kann es sein, dass sie sogar auf Dauer ein neues Zuhause in unserer Stadt finden. Alles in allem sind das also eine Menge neuer Menschen, die in unserer Stadt leben. Es wäre doch äußerst naiv zu denken, dass es ausschließlich die guten Menschen sind, die es bis zu uns geschafft haben. Genauso wenig wie alle 22 000 Einwohner unserer Stadt brave Schäfchen sind, die sich nie etwas zuschulden kommen lassen. Es gibt überall rechtschaffene und weniger rechtschaffene Menschen. Das ist allerdings keine neue Erkenntnis!

Genauso verhält es sich mit dem Rest der deutschen Städte und Gemeinden. Auch dort gibt es Straftaten, die von Asylsuchenden verübt werden, und auch dort sind es Einzelfälle.

Allerdings sind viele Einzelfälle irgendwann keine wirklichen Einzelfälle mehr, sondern ein signifikanter Anstieg von Straftaten. Und das ist nicht darin begründet, dass die Flüchtlinge alles schlechte Menschen sind, sondern darin, dass es auch unter ihnen – wie bei allen Bevölkerungsgruppen – Menschen gibt, die geltendes Recht und Gesetze gekonnt ignorieren und straffällig werden. Logische Konsequenz: mehr Einwohner – mehr Straftaten.

Wenn man also die Gesamtsituation betrachtet, kommt man schnell zu dem Ergebnis, dass das Wort »Einzelfall« völlig fehl am Platz ist und letztendlich nur dazu führt, dass sich die Bevölkerung hinters Licht geführt fühlt und denkt, dass die Medien die Situation beschönigen möchten, obwohl das meiner Meinung nach nur selten der Fall ist. Schließlich leben wir im Zeitalter des Internets und fast niemand liest ausschließlich die regionale Tageszeitung, so wie das früher der Fall war.

Mit wenigen Klicks auf den entsprechenden Webseiten ist man heute über das Weltgeschehen informiert und erfährt natürlich auch, was sich in anderen Städten und Gemeinden an Straftaten ereignet. Wenn man dann an einem Tag von zwanzig verschiedenen Delikten erfährt, die von Flüchtlingen verübt wurden, passt natürlich das Wort Einzelfall nicht mehr, obwohl es sich in den entsprechenden Regionen höchstwahrscheinlich tatsächlich um Einzelfälle handelt. Diesen Umstand sollten Medien und Regierung berücksichtigen und dieses Wort schleunigst aus ihrem Sprachgebrauch entfernen.

Natürlich ist es für den normalen Bürger trotzdem unverständlich, dass es Menschen gibt, die hier Schutz und Hilfe suchen, diese auch bekommen und dann trotzdem Straftaten begehen. Meiner Meinung nach handelt es sich bei diesen Menschen aber ganz sicher kaum je um diejenigen, die tatsächlich vor dem Krieg davongelaufen sind, sondern um den Teil der Flüchtlinge, der die chaotische Flüchtlingssituation in unserem Land dazu genutzt hat, nach Deutschland zu gelangen, obwohl diese Leute in ihrem Heimatland keiner direkten Bedrohung ausgesetzt waren. Die Polizei hat intern sogar einen eigenen Namen für diese Täter. »Nafris« bedeutet nordafrikanische Intensivtäter. Diese Menschen wissen meist genau, dass ihr Asylantrag abgelehnt werden wird, und sind der Meinung, dass sie hier sowieso nichts zu verlieren haben.

Ich denke, dass wir dieses Problem nur dann gelöst bekommen, wenn wir stärkere Kontrollen einführen und Flüchtlinge, deren Heimatland als sicher eingestuft ist, umgehend wieder zurückschicken. Dies dient nicht nur unserem Schutz, sondern auch dem Schutz der Flüchtlinge, die aus den Kriegsgebieten kommen und zum Teil schlimme Erlebnisse hinter sich haben. Diesen Menschen müssen wir unsere ganze Kraft und Hilfe widmen, damit sie ein Teil unserer Gesellschaft werden und hier ein neues Zuhause finden können.

Leider kommt erschwerend hinzu, dass der größte Teil der Straftäter dem muslimischen Glauben angehört. Es fällt mir selbst schwer, dies zu schreiben, da ich in meinem engsten Freundeskreis so viele liebenswerte muslimische Freunde habe, die seit der Flüchtlingskrise keinen leichten Stand mehr in Deutschland haben. Aber ich habe mich lange mit ihnen darüber unterhalten und sie sind wie ich der Meinung, dass man auch diese Tatsache ansprechen muss, da die Statistiken eine deutliche Sprache sprechen.

Diese Tatsache ist nicht darin begründet, dass Muslime grundsätzlich gewalttätige Menschen sind, sondern eher darin zu sehen, dass der große Teil der Geflüchteten aus muslimischen Ländern stammt, die sowohl im gesellschaftlichen wie auch im privaten Leben eine strikte Geschlechtertrennung haben. Anders als die Muslime, die schon lange hier leben oder sogar hier geboren sind, kennen sie – dieser Aspekt kam bereits in einigen Zusammenhängen zur Sprache – den lockeren Umgang zwischen Mann und Frau nicht.

Dazu kommt, dass der Islamische Staat in den letzten Jahren wirklich alles dafür getan hat, den Islam als eine rücksichtslose und barbarische Religion dazustellen. Man braucht schon gute Kenntnisse der islamischen Religion, um zu wissen, dass der IS und der Islam so gut wie gar nichts gemeinsam haben. Im Gegenteil, der IS handelt in den meisten Fällen gegen alle Regeln und Vorgaben des Korans. Straffällige Flüchtlinge und Muslime, die in jeder Situation Rücksicht auf ihre religiösen Vorschriften erwarten, tun das Übrige, damit der Groll und die Angst, die sich inzwischen bei vielen Deutschen breitgemacht haben, dazu führen, dass die Menschen Angst vor einer Islamisierung haben.

Meiner Meinung nach werden diese Ängste aber seitens der muslimischen Verbände und unserer Regierung nicht ernst genommen und das ist fatal.

Hier wäre eine umfassende Aufklärung vonnöten und eine viel stärkere Distanzierung der hier lebenden Muslime von den terroristischen Vereinigungen wäre angebracht.

Dass einige EU-Länder sich weigern, muslimische Flüchtlinge aufzunehmen und ihre Hilfsangebote auf die christlichen Flüchtlinge beschränken, ist in dieser Sache auch nicht förderlich und schürt zusätzliche Ängste.

Mir fehlt hier eine klare Haltung unserer Bundesregierung. Wie schon an anderer Stelle im Buch erwähnt, ist Integration keine Einbahnstraße, sondern funktioniert nur, wenn alle Beteiligten sich aufeinander zu bewegen.

Ebenfalls sehr wichtig in diesem Zusammenhang ist die Entwicklung der verübten Straftaten. Diese haben sich nämlich seit der Flüchtlingskrise deutlich verändert. Vergewaltigung und sexuelle Belästigung gab es natürlich schon immer, aber diese Straftaten haben nun eine neue Qualität bekommen. Betatschen und Begrapschen von Frauen und Mädchen haben wohl stark zugenommen.

Greifbar wurde der signifikante Anstieg der sexuellen Belästigungen durch eine interne E-Mail der Polizei, die der Bild-Zeitung zugespielt wurde und deren Echtheit von der Polizei bestätigt wurde. Daraus geht hervor, dass es einen »enormen Anstieg von Sexualstraftaten« gibt, die in der Regel »von Zuwanderern« verübt werden.

Mich verwundert dies nicht. Diese Entwicklung habe ich nicht nur im Rahmen meiner Flüchtlingsarbeit absehen können. Auch hier kommt mir die Erfahrung zugute, die ich in der Zeit sammeln konnte, während ich in unserer Parallelgesellschaft gelebt habe und selbst ein Teil dieser Gesellschaft war.

Der überwiegende Teil der Länder, aus denen die Flüchtlinge kommen, haben ein Frauenbild, welches der Frau eine komplett andere Rolle zugesteht, als wir es hier in Deutschland kennen. In diesen Ländern gibt es in der Öffentlichkeit kaum Frauen, die sich in knapp bemessener Kleidung präsentieren und völlig unbefangen mit dem männlichen Geschlecht umgehen. Frauen, die sich in diesen Ländern über die strengen moralischen Wertevorstellungen hinwegsetzen und dies dennoch tun, haben schnell den Ruf einer Prostituierten und werden in der Gesellschaft geächtet. Diese Frauen leben mit der ständigen Gefahr, beleidigt oder sogar vergewaltigt zu werden.

Nicht umsonst warnen viele Frauenrechtlerinnen, die selbst als Muslime geboren wurden, immer wieder davor, dass die islamischen Wertevorstellungen mit unserer Gleichberechtigung kollidieren. Frauen wie die pakistanische Menschenrechtlerin und ehemalige Muslimin Sabatina James oder die türkisch-deutsche Schauspielerin Sibel Kekilli riskieren ihr Leben dafür, um die hier lebenden Menschen immer wieder für diese Problematik zu sensibilisieren.

Es ist niemandem damit geholfen, die Feststellung solcher kulturellen Unterschiede als Rassismus zu bezeichnen. Am allerwenigsten den Flüchtlingen selbst. Im Gegenteil! Wir müssen diese Unterschiede immer wieder transparent machen und sowohl bei den Flüchtlingen als auch bei den Deutschen den respektvollen Umgang miteinander immer wieder thematisieren. Dazu gehört es, mit den Flüchtlingen von Anfang an über unsere Kultur zu sprechen und sie dafür zu sensibilisieren. Sie müssen wissen, dass eine Frau in einem Badeanzug keine Aufforderung darstellt, sie ungefragt anzufassen. Und sie müssen wissen, dass, wenn sie es dennoch tun, dies eine Straftat und keine Bagatelle ist. Dies gilt für deutsche Männer und dies gilt für die Asylsuchenden in unserem Land.

Betreue ich einen Flüchtling, dann ist der Umgang mit dem weiblichen Geschlecht so ziemlich das erste, was ich thematisiere, und die Resonanz auf diese Gespräche ist durchweg positiv. Die Flüchtlinge reden ungezwungen mit mir über ihren bisherigen Umgang mit Frauen, und sie sagen auch offen, dass sie die Situation zwischen Mann und Frau, so wie wir sie in Deutschland haben, verunsichert und viele Fragen aufkommen lässt. Sie sind froh, dass sie von mir Tipps und viele Erklärungen bekommen, da sie das laut ihrer eigenen Aussage sicherer werden lässt und sie weniger Angst haben, etwas falsch zu machen.

Ich behandele dieses Thema mit derselben Selbstverständlichkeit und Sorgfalt, wie ich ihnen auch die Benutzung von

Bus und Bahn erkläre oder mit ihnen einen Arztbesuch anhand eines Rollenspiels einübe. Ich tue das, weil der ungezwungene Umgang zwischen Mann und Frau eben genauso normal ist wie eine Bahnfahrt oder ein Arztbesuch.

Ich bin mir sicher, dass es weitaus wirksamer ist, ihnen das normale Verhalten in einem öffentlichen Schwimmbad zu erklären, als ihnen ein Faltblatt in die Hand zu drücken, auf dem ein Frauenpo und eine durchgestrichene Hand abgebildet sind.

Leider fehlt es auch für diese zentral wichtigen Belange an geschulten Flüchtlingshelfern, die über die notwendige Erfahrung verfügen, auch mit derlei heikleren Themen umzugehen.

14. Kapitel

Bedarf an Ausbildungs- und Arbeitsplätzen

Eine weitere große Herausforderung im Zuge der Flüchtlingskrise ist die Beschaffung von Arbeitsplätzen für die asylsuchenden Menschen. Viele sind ohne jegliche Papiere nach Deutschland gekommen und können keinerlei Nachweis über ihre absolvierte Schul- und Berufsausbildung erbringen.

Die neueste Statistik (Stand Juni 2016) der Agentur für Arbeit hält fest, dass 73,9 Prozent der arbeitssuchend gemeldeten Flüchtlinge über keine formale Berufsausbildung verfügen. Diese Zahl ist erschreckend hoch. Ein weiterer und nicht unerheblicher Teil kann nur mangelhaft lesen und schreiben und einige tun sich schwer mit dem Erlernen der deutschen Sprache.

Alles in allem sind das also nicht gerade die besten Voraussetzungen, um auf dem deutschen Arbeitsmarkt erfolgreich zu sein und sich zu etablieren. Das dies unsere Sozial- und

Krankenkassen über Gebühr belastet, ist unter anderem daraus ersichtlich, dass unsere Krankenkassen gerade angekündigt haben, die Beiträge zu erhöhen, da die Ausgaben weitaus stärker gestiegen sind als die Einnahmen.

Dass unsere Regierung den Bürgern suggeriert hat, dass mit den Flüchtlingen auch die so dringend benötigten Fachkräfte ins Land kommen, war wohl zu euphorisch gedacht. Zum einen ist ein nicht unerheblicher Teil der Geflüchteten durch das Kriegsgeschehen traumatisiert und es wird Jahre dauern, bis diese Menschen dem Arbeitsmarkt zur Verfügung stehen, und zum anderen fehlt es – wie schon oben erwähnt – an den erforderlichen Ausbildungsnachweisen. Die erforderlichen Sprachkenntnisse müssen natürlich auch noch erworben werden.

Da die Aufnahme einer Arbeit aber ein enorm wichtiger Meilenstein auf dem Weg der erfolgreichen Integration ist, bemühen sich viele der ehrenamtlichen Flüchtlingshelfer, den Menschen wenigstens einen Praktikumsplatz zu besorgen, damit sie sich mit der Arbeitswelt in Deutschland vertraut machen können.

Immerhin wurde das Verfahren für die Arbeitsaufnahme der asylsuchenden Menschen stark vereinfacht, wenn sie aus einem Land wie zum Beispiel Syrien kommen und ihr Asylantrag mit größter Wahrscheinlichkeit positiv beschieden wird. Hier kann man wirklich davon sprechen, dass die entsprechenden Gesetze schnell geändert wurden, um den Flüchtlingen den Einstieg in den Arbeitsmarkt so einfach wie möglich zu machen. Leider schaffen derlei Maßnahmen aber auch nicht mehr Arbeitgeber, die bereit sind, einen

Flüchtling einzustellen, obwohl er nur mangelhafte Sprachkenntnisse hat.

Ein paar Menschen, die sich in unserer Flüchtlingshilfeorganisation engagieren, sind der Meinung, dass es gar keine Rolle spielt, ob ein Flüchtling Deutsch spricht oder nicht, und dass er während seiner Arbeitszeiten sicherlich schnell Deutsch lernen würde, weil er ja quasi gezwungen wäre, sich zu verständigen. Ich halte solch eine Vorgehensweise nicht nur für Blödsinn und wenig zielführend, sondern auch noch für ausgesprochen gefährlich. Egal ob ein Flüchtling auf dem Bau arbeitet oder in einer Firma irgendwelche Maschinen bedienen soll: Er muss verstehen, was er tut, und er muss sich sprachlich ausdrücken können, wenn er Hilfe benötigt oder etwas nicht begreift. Sonst sind Fehler und Misserfolge vorprogrammiert. Für die Bedienung von Maschinen ist fast immer eine ausgiebige Einweisung nötig. Wie sollte das jedoch funktionieren, wenn ein Mensch gar nicht versteht, was man ihm erklären möchte? Auch Jobs, für die ein direkter Kundenkontakt nötig ist, kommen ohne Sprachkenntnisse zunächst einmal nicht in Frage.

Es kommt noch erschwerend der Umstand hinzu, dass Arbeitsplätze für ungelernte Kräfte auch vor der Flüchtlingskrise schon rar waren, aber wenn man bedenkt, dass 73,9 Prozent der arbeitssuchend gemeldeten Flüchtlinge keine Berufsausbildung haben, dann sind das genau die Arbeitsplätze, die benötigt werden. Unsere freien Facharbeiterstellen hingegen werden nach wie vor unbesetzt bleiben.

Ich stelle mir oft die Frage, ob unsere Regierung wirklich geglaubt hat, dass wir unsere offenen Facharbeiterstellen demnächst mit Migranten besetzen können, oder ob sie das der Bevölkerung in der Hoffnung erzählt hat, dass es die Akzeptanz für Flüchtlinge erhöht. Wie auch immer es gewesen ist – realistisch war dieses Denken auf keinen Fall.

Es werden Jahre vergehen, bis die hier lebenden Flüchtlinge für den deutschen Arbeitsmarkt qualifiziert sind und auf eigenen Füßen stehen können. Dies wird unsere Sozialkassen in nicht unerheblichem Maße belasten.

Ich denke nicht, dass unsere Regierung ihr der Bevölkerung gegebenes Versprechen halten kann, dass die Flüchtlingskrise nicht zur finanziellen Last für den Steuerzahler wird und niemand Angst haben muss, dass auf ihn höhere Abgaben zukommen. Meiner Meinung nach wurde dieses Versprechen gegeben, als die Folgen der Flüchtlingskrise noch gar nicht abzusehen waren.

Wenn ich mich mit den von mir betreuten Flüchtlingen darüber unterhalte, wie sie sich ihr Leben in Deutschland vorstellen und was sie gerne beruflich machen möchten, dann lautet eine der häufigsten Antworten: Studieren! In den Ländern, aus denen sie kommen, kostet ein Studium sehr viel Geld und ist nur den ausgesprochen Privilegierten vorbehalten. In Deutschland, so hat man es ihnen erzählt, kann man kostenlos studieren und bekommt in dieser Zeit seine Wohnung und seinen Lebensunterhalt vom Staat bezahlt. Wenn ich ihnen daraufhin erkläre, dass dies so nicht den Tatsachen entspricht, ernte ich erstaunte Blicke.

Bei einigen der Flüchtlinge habe ich trotzdem ein gutes Gefühl, dass sie in Deutschland tatsächlich etwas erreichen können, und sehe auch in einem Studium keine Probleme.

Leider kommt dieses gute Gefühl aber nur im Hinblick auf einen kleinen Teil der mir anvertrauten Menschen auf.

Wenn ich sehe, dass die meisten es noch nicht einmal schaffen, regelmäßig an den anderthalb Stunden Deutschunterricht pro Woche teilzunehmen, geschweige denn in der restlichen Zeit der Woche ihre Hausaufgaben zu erledigen, dann frage ich mich, wie sie auch nur im Entferntesten an ein Studium denken können. Natürlich habe ich ihnen diese Frage auch schon gestellt. Eine wirklich brauchbare Antwort habe ich aber nie bekommen.

Meiner Meinung nach hängt auch das mit der Tatsache zusammen, dass es einfach viel zu viele Unwahrheiten gibt, die man sich in den Herkunftsländern der Flüchtlinge über Deutschland erzählt. In den Köpfen der Flüchtlinge ist es seltsamer- und letztlich unverständlicherweise fest verankert, dass man in diesem Land nicht wirklich viel tun muss, um Erfolg zu haben und ein gutes Leben zu führen.

Auch das könnte Bestandteil eines Informationsfilms für Flüchtlinge sein: Realistische Angaben über die Voraussetzungen für eine Arbeitsaufnahme oder ein Studium, damit die Menschen vorher wissen, was sie hier erwartet und auf was sie sich einstellen müssen. Den Schleusern muss die Möglichkeit genommen werden, mit dem Leid der Flüchtlinge ein Millionengeschäft zu machen und ihnen Deutschland als das Land darzustellen, in dem Milch und Honig fließen.

Wir leben im Zeitalter der modernen Kommunikation. Also nutzen wir sie doch auch!

15. KAPITEL

Vom Umgang mit der Religion

Ich wundere mich immer wieder über Menschen, die die vorhandenen Probleme, die die Flüchtlingskrise mit sich gebracht hat, so vehement ignorieren oder sie sogar leugnen. Sie stellen die positiven Aspekte in den Vordergrund und tun so, als ob die aktuelle Flüchtlingssituation ein Segen für Deutschland wäre, an dem wir alle wachsen können.

Ich sehe das, wie bereits anhand verschiedener Aspekte ausgeführt, nicht so euphorisch. Ich engagiere mich schon sehr lange in der Flüchtlingshilfe und habe viele Erfahrungen gemacht, als das noch eine vergleichsweise kleine Initiative war, die nicht allzu viel Aufmerksamkeit erregte.

Vielleicht liegt es auch daran, dass die meisten der Flüchtlinge Muslime sind und ich aus dem langjährigen Zusammenleben mit meiner muslimischen Migrantenfamilie weiß, dass man bei dieser Bevölkerungsgruppe nicht nur den Menschen integrieren muss, sondern auch seine Religion, und das ist oft nur sehr schwer umzusetzen.

Ich mache auch im Umgang mit anderen Flüchtlingshelfern immer wieder die Erfahrung, dass der Islam als Integrationserschwernis völlig unterschätzt wird.

Dabei verhält es sich mit dem Islam ganz anders als mit vielen anderen Religionen. Der Islam ist nämlich weniger eine reine Religionsrichtung, sondern eher ein Lebenskonzept, welches nicht nur das private und religiöse Leben beherrscht, sondern auch sehr stark das gesellschaftliche Leben und nicht zuletzt auch die Politik beeinflusst. In diesem Zusammenhang sollte man einen Blick in die Türkei werfen: Dort kann beobachtet werden, wie die Regierungsmitglieder einen Putschversuch nutzen, um die Islamisierung des Landes weiter voranzutreiben. Innerhalb weniger Tage wurden nicht nur über 3000 Richter mit sofortiger Wirkung suspendiert, sondern es verloren auch über 30 000 Lehrer ihre Lehrerlaubnis. Ich erwähne dies im Zusammenhang mit der Flüchtlingssituation in Deutschland auch deshalb, weil die EU mit der Türkei ein Flüchtlingsabkommen getroffen hat, für welches der Türkei drei Milliarden Euro zur Versorgung der Flüchtlinge zugesagt wurden. Im Gegenzug sollte die Türkei Flüchtlinge aufnehmen, die in Griechenland auf die Weiterreise nach Europa warten. Die EU verpflichtete sich wiederum, für jeden Flüchtling, den die Türkei aufnimmt, im Austausch einen syrischen Flüchtling aufzunehmen. Dafür soll die Türkei aber nicht nur Geld bekommen. Ihr wurde außerdem eine Visa-Freiheit für die EU-Länder zugesagt und die Beitrittsverhandlungen für die Aufnahme der Türkei in die EU sollten vorangetrieben werden. Die Visa-Freiheit sollte möglichst schon ab Juli 2016 in Kraft treten. Leider wird dieses Abkommen nur sehr schleppend umgesetzt und hat die Flüchtlingssituation bisher so gut wie nicht verbessert.

Der türkische Präsident Erdoğan sieht sich an das Abkommen mit der EU nicht mehr gebunden, da die EU ihren Verpflichtungen bisher noch nicht nachgekommen sei. Somit hat dieses Abkommen noch keinerlei Auswirkungen auf die teilweise immer noch chaotische Flüchtlingssituation. Ich vermute auch, dass sich daran in Zukunft nichts ändern wird, da die Türkei sich gerade in einem Umbruch befindet und sogar die Wiedereinführung der Todesstrafe ernsthaft in Erwägung gezogen wird. Laut der türkischen Regierung wäre das eine Forderung der türkischen Bevölkerung als Antwort auf den Putschversuch des türkischen Militärs, das angab, gegen die drohende Islamisierung des Landes gekämpft zu haben.

Es herrscht großes Chaos in der Türkei und Erdoğan-Gegner haben keinen leichten Stand. Sollte es wirklich dazu kommen, dass in der Türkei wieder die Todesstrafe eingeführt und auch vollstreckt wird, befürchte ich eher, dass aus diesem Land die nächste Flüchtlingswelle nach Deutschland schwappt.

Die Geschehnisse in der Türkei sind in meinen Augen bezeichnend für die aktuelle Situation in den meisten Herkunftsländern der Flüchtlinge. Was als arabischer Frühling voller Hoffnung auf eine Modernisierung vieler islamisch geprägter Staaten begann, ist mittlerweile zu einem Albtraum geworden. Glaubenskriege gab es schon immer, aber in die heutige Zeit passen sie nicht mehr. Die Menschen haben sich vor allem durch Bildung weiterentwickelt und haben heute vielerorts einen größeren, moderneren und intelligenteren Überblick über die Welt als noch vor einigen Jahrhunderten. Das gilt freilich nicht für alle Weltgegenden.

Aber auch wir in Deutschland spüren mittlerweile die Auswirkung eines radikalen Islams. Die Angst vieler Menschen, dass mit den Flüchtlingen auch Menschen nach Deutschland kommen, die nichts Gutes im Schilde führen und mit der terroristischen Vereinigung IS kooperieren, ist mehr als berechtigt, wie man an dem verheerenden Anschlag von Würzburg sehen kann. Ein junger Mann hatte in einem Zug wahllos mit einer Axt und einem Messer unschuldige Menschen attackiert und konnte nur von einem Sondereinsatzkommando der Polizei gestoppt werden. Zwei der Opfer wurden lebensgefährlich verletzt. Wenig später tauchte ein Video von dem jungen Mann auf, in dem er diesen Anschlag ankündigte und sich zum IS bekannte.

Die Medien haben schnell recherchiert. Bei dem Täter handelte es sich um einen jungen, unbegleiteten Flüchtling, der angab, siebzehn Jahre alt zu sein. Er war schon ein paar Monate lang in Deutschland und lebte seit ein paar Wochen bei einer Pflegefamilie. Er hatte eine Lehrstelle in Aussicht und war bisher noch nie polizeilich in Erscheinung getreten. Die Bilder auf seiner Facebook-Seite zeigen einen jungen und unbeschwerten Mann, der angekommen zu sein schien in Deutschland. Niemand hatte mitbekommen, dass er sich mit dem IS radikalisiert und einen schrecklichen Anschlag geplant hatte. Nichts deutete darauf hin, dass er beabsichtigte, so viele »Ungläubige« wie möglich zu töten. So beschrieb er das geplante Attentat.

Da nichts auf diese Tat hinwies, gab es auch nichts, was unsere Sicherheitsbehörden hätten tun können, um diesen schrecklichen Anschlag zu verhindern. Dies bedeutet im Umkehrschluss, dass so etwas immer wieder passieren kann. Zu jeder Zeit, an jedem Ort. Ich gehe sogar noch einen Schritt weiter und behaupte, dass es wieder passieren wird.

Der Islamische Staat ruft seine Anhänger immer wieder zu solchen Taten auf. Wenn wir über die Flüchtlingskrise reden, müssen wir auch über solche Vorfälle reden, auch auf die Gefahr hin, dass wir damit den Asylgegnern neues Futter hinwerfen. Aus Angst zu schweigen, ist der falsche Weg. Weit über eine Million Menschen, die zum größten Teil ohne Kontrolle in ein Land kommen, bedeuten immer eine potenzielle Gefahr. Dass einst Pass- und Ausweiskontrollen eingeführt wurden, geschah nicht ohne Grund. Wir müssen wir mit den Konsequenzen leben, aber ich warne dringend davor, die Flüchtlinge nun unter Generalverdacht zu stellen. Viele sind selbst vor den fanatischen Islamisten geflohen und nun ebenso entsetzt, dass sie Gefahr laufen, hier dem gleichen Terror ausgeliefert zu sein, vor dem sie doch in der Hoffnung auf ein besseres Leben geflohen sind.

Es geht hier also nicht nur um den Schutz der deutschen Bevölkerung, sondern auch um den Schutz der hier lebenden Flüchtlinge. Dazu gehört ein weiterer Aspekt: Die vielen Meldungen der Medien, in denen berichtet wird, dass Christen in den Flüchtlingsunterkünften von Muslimen verfolgt werden, kann ich aus eigener Erfahrung bestätigen. Auch in unseren Flüchtlingsunterkünften sind die Christen in der Minderheit und haben oft keinen leichten Stand. Natürlich sind es immer nur einzelne fanatische Muslime, die den »Ungläubigen« das Leben schwermachen, aber das reicht schon aus, um den Frieden in solch einer Unterkunft massiv zu stören.

Hier würde ich mir mehr Härte seitens unserer Gesetzgebung wünschen. Wir dürfen einen totalitären Islam nicht akzeptieren. Das entspricht weder unserem Grundgesetz noch unseren gesellschaftlichen Anforderungen.

Wenn man bedenkt, dass es mittlerweile unzählige salafistisch geprägte Moscheen in Deutschland gibt, die unter der Beobachtung des Verfassungsschutzes stehen, kann ich solch ein Vorgehen nicht akzeptieren. Radikalismus kollidiert mit unserem Grundgesetz und solche Moscheen gehören nicht beobachtet, sondern geschlossen, da sie einen Angriff auf unser Wertesystem darstellen. Auch die aktuelle Zahl von 420 sogenannten »Gefährdern«, die der Verfassungsschutz genannt hat, macht mich nachdenklich. Laut dem aktuellen Bericht des Verfassungsschutzes stammen diese 420 potenziellen Terroristen vorwiegend aus der salafistischen Szene. Es ist mir unverständlich, warum man diese Menschen auf Kosten des Steuerzahlers beobachtet und dabei riskiert, dass sie einen Anschlag verüben. Solche Menschen sollten umgehend abgeschoben werden.

In einem weltoffenen Land wie Deutschland eines ist, muss Platz für alle Religionen und kulturellen Unterschiede sein, solange es ein friedliches Miteinander gibt. Menschen, die einer terroristischen Vereinigung angehören, tun dies nicht in friedlicher Absicht und solche Menschen dürfen hier keine Daseinsberechtigung haben. Wir dürfen nicht vergessen, dass es in Deutschland zu einem großen Teil ein friedliches Miteinander gibt, gerade weil wir eine strikte Trennung von Staat und Religion praktizieren. Religion ist Privatsache und darf nicht das komplette gesellschaftliche Leben bestimmen. Die vielen Glaubenskriege, die in vielen muslimischen Ländern immer wieder geführt werden und eine nicht unerhebliche Fluchtursache darstellen, zeigen uns, dass diese Trennung absolut notwendig ist.

Aus den Gesprächen mit vielen Flüchtlingen weiß ich, dass sie ähnlich denken. Sie lieben ihren Glauben und sie wissen, dass es schwer werden wird, sich dauerhaft zu integrieren, wenn sie es nicht schaffen, offener zu werden und ihren Frauen ein umfangreicheres Selbstbestimmungsrecht einzuräumen, als sie es aus ihrem religiösen und kulturellen Hintergrund heraus bisher getan haben, aber sie distanzieren sich mit einer ernstzunehmenden Vehemenz von terroristischen Vereinigungen, die über ihr barbarisches Handeln den Deckmantel der Religion legen. Ihnen macht diese Entwicklung in unserem Land ebenfalls Angst.

An dieser Stelle möchte ich gerne unseren Bundesinnenminister Thomas de Maizière zitieren, der in einer Talkshow sagte: »Der Islam gehört zu Deutschland. Ein radikaler Islam nicht!«

16. Kapitel

Wie verändert sich Deutschland?

Wenn man auf die letzten anderthalb Jahre zurückblickt, wird man feststellen, dass sich Deutschland durch die Flüchtlingskrise verändert hat. Ich habe das Gefühl, dass es in den letzten Jahrzehnten nichts gab, was das Land so sehr gespalten hat, wie die Haltung unserer Regierung bezüglich ihrer Asylpolitik. Trotzdem sehe ich diese Spaltung nicht durchweg negativ. Ich habe das erste Mal seit Langem das Gefühl, dass viele Menschen sich mit unserer Politik und ihren Auswirkungen auseinandersetzen, die es vorher nie getan haben, und endlich auch einmal Verantwortung für Deutschland übernehmen.

In einem demokratischen Land wie Deutschland muss eine Diskussion auch über so schwierige Themen wie die Flüchtlingskrise möglich sein.

Natürlich haben die unkontrollierte Einreise von weit über einer Million Flüchtlingen und die daraus resultierenden negativen Begleiterscheinungen dem rechten Rand den Rücken gestärkt, und es ist wichtig und notwendig, dass wir uns dem geschlossen entgegenstellen. Nationalsozialismus darf in unserer heutigen Gesellschaft ebenso wenig einen Platz haben wie ein radikaler Islam. Davor müssen wir uns schützen und davor müssen wir auch die Flüchtlinge schützen.

Wie schmal der Grat allerdings zwischen der Benennung von real existierenden Problemen und falsch verstandener Hetze ist, erlebe ich fast tagtäglich. Ich sagte es bereits: Ich arbeite viele Stunden ehrenamtlich in der Flüchtlingshilfe und in der Gewaltberatung, habe ein ausgesprochen multikulturelles Umfeld und bin Mitglied der SPD. Viele Jahre lang haben meine Familie und ich mit Au-pair-Mädchen zusammengelebt, die aus vielen verschiedenen Ländern dieser Erde stammten. Meine Kinder hatten dadurch schon sehr früh die Möglichkeit, auch andere Kulturen kennenzulernen, und es hat sie zu weltoffenen und toleranten Menschen heranwachsen lassen. Zu vielen dieser Au-pairs pflegen wir auch heute noch einen herzlichen Kontakt und bei einem dieser Mädchen habe ich als Trauzeugin fungiert, als sie einen wunderbaren Mann geheiratet hat, mit dem sie heute zwei süße Kinder hat. Und trotzdem werde ich oft sofort schief angeschaut, wenn ich mich kritisch über die Probleme der Asylkrise äußere. Das zeigt mir, dass es Menschen gibt, die sich nicht mal im Ansatz ernsthaft mit dieser Problematik auseinandersetzen und jede Kritik sofort mit der »Nazikeule« im Keim ersticken möchten. Dies scheint leider auch eine Begleiterscheinung der aktuellen Flüchtlingssituation zu sein: Ein Großteil der Menschen scheint die Fähigkeit zur Differenzierung verloren zu haben.

Es scheint nur noch darum zu gehen, zu den »Guten« zu gehören und sich nicht angreifbar zu machen. Wer aber definiert dabei, wer die »Guten« sind? Ist man automatisch ein fremdenfreundlicher Mensch, wenn man die Probleme ignoriert und so tut, als ob ein – im Verhältnis zu anderen Ländern – kleines Land wie Deutschland eine Flüchtlingswelle von weit über einer Million Menschen beinahe nebenbei und locker wegsteckt, und gehört man automatisch zu den »Bösen«, wenn man sich kritisch mit dieser Situation auseinandersetzt? Ich denke nicht! Viele der Menschen, die alle entstandenen Probleme vehement ignorieren und mit dem Finger auf Menschen zeigen, die dies nicht tun, habe ich niemals in der Flüchtlingshilfe gesehen.

Genauso verhält es sich mit den Flüchtlingsgegnern. Die meisten von ihnen haben sich nie die Mühe gemacht, sich ein Flüchtlingsheim von innen anzusehen oder das Gespräch mit den Flüchtlingen zu suchen.

Man sollte Menschen grundsätzlich nach ihren Taten beurteilen. Dies gilt für die einheimische Bevölkerung genauso wie für die Flüchtlinge.

Mit ist durchaus bewusst, dass die Angst im Zeitalter von Pegida, AfD und NPD groß ist, dass sich fremdenfeindliche Gruppierungen ausbreiten und das Zepter in die Hand nehmen. Wenn diese Angst aber so weit geht, dass jede auch noch so sachlich vorgetragene Kritik sofort mit ausländerfeindlicher Propaganda in einen Topf geworfen wird, dann erscheint mir die Flüchtlingskrise noch als eines unserer kleineren Probleme, an denen wir arbeiten müssen.

Was wir (und damit meine ich auch oder sogar gerade die Flüchtlinge) brauchen, sind Lösungen und keine Menschen, die sich den ganzen Tag in den sozialen Netzwerken profilieren und entweder jammern, wie schlimm alles ist oder aber eine regelrechte Hetzjagd auf »vermeintlich ausländerfeindliche Postings« machen. Damit ist zunächst einmal niemanden geholfen.

Die erfolgreiche Integration der hier lebenden Flüchtlinge, ist es, was Ängste abbauen und Brücken entstehen lassen kann. Und da sind wir alle gefordert.

Dass die Ängste bei vielen Menschen so massiv sind, liegt ja zu einem großen Teil auch daran, dass es in der Vergangenheit in Sachen Integration sehr viele Versäumnisse gab und sich viele Menschen nun nicht vorstellen können, wie das zukünftig funktionieren soll. Dazu bedarf es eines klaren Statements unserer Regierung, und zwar ohne stundenlanges Gerede »um den heißen Brei«, nach dem sich der normale Bürger am Ende fragt, was denn jetzt die Aussage des sprechenden Politikers gewesen ist.

Was wir brauchen, ist ein transparenter Plan, der sich nicht nur auf Integrationskurse und Sprachunterricht beschränken darf. Solche Maßnahmen bilden eine wichtige Grundlage der Integration, sind aber keinesfalls das so lautstark gepriesene Allheilmittel für alle zukünftigen Integrationsprobleme. Es reicht eben nicht, nur immer wieder zu wiederholen, dass wir es schaffen, aber im praktischen Gegenzug für 200 registrierte Flüchtlinge nur eine bezahlte Vollzeitkraft bereitzustellen. Es reicht auch nicht, auf die unerschöpfliche Hilfe von Ehrenamtlichen zu setzen, die teilweise heillos überfordert sind. Wir Ehrenamtliche können immer nur leichte Hilfestellungen geben, aber wir sind weder ausgebildete Traumaexperten noch geschulte Integrationslotsen.

Wenn ich also als Regierung behaupte, die Flüchtlingskrise erfolgreich meistern zu können, und immer wieder betone, dass es für die Aufnahme von Flüchtlingen keine Obergrenze geben wird, dann muss dies auch aus eigener Kraft geschehen können und nicht in der vagen Hoffnung, dass sich genügend hilfsbereite Menschen finden werden, die die Aufgaben übernehmen, die eigentlich von eigens geschulten und bezahlten Kräften geschultert werden sollten.

Wir müssen zukünftig auch viel stärker die muslimischen Verbände in die Pflicht nehmen. Dies darf sich nicht nur darauf beschränken, dass jeweils ein Mitglied dieser Verbände in diversen Talkshow-Runden sitzt und monoton erklärt, dass der Islam Frieden bedeutet und die Muslime sich in Deutschland benachteiligt fühlen. Gerade in Zeiten des fanatischen Terrors unter dem Deckmantel des Islams sind diese Verbände gefordert, ebenfalls nach Lösungen zu suchen und eine Modernisierung des Islams voranzutreiben.

Getrennte Badezeiten für Männer und Frauen in öffentlichen Schwimmbädern einzuführen, wie es bereits in einigen deutschen Städten der Fall ist, bedeutet nicht, die Integration voranzutreiben, sondern wieder Zustände herzustellen, wie wir sie in Deutschland vor etlichen Jahrzehnten hatten. Ebenso verhält es sich mit der Einrichtung von reinen Frauentaxis und Schutzzonen für Frauen bei öffentlichen Veranstaltungen.

Es sollte kein Bestandteil der deutschen Kultur werden, dass wir Frauen vor Männern schützen müssen. Wir haben in einer langen Entwicklungsphase die Gleichstellung von Mann und Frau erreichen können und das sollten wir uns auch nicht wieder nehmen lassen.

In unserer Gesellschaft bedarf es keiner Geschlechtertrennung im öffentlichen Leben und das sollte jedem klar sein, der hier zukünftig leben möchte. Dies muss bei der Integration der Flüchtlinge allererste Priorität haben. Wenn uns das nicht gelingt, werden wir weitere Parallelgesellschaften ins Leben rufen.

Wir dürfen es auch nicht zulassen, dass der Terror, der in vielen der Herkunftsländer der Flüchtlinge den Alltag bestimmt, auch bei uns zu etwas Alltäglichem wird.

Der Anschlag von Würzburg hat gezeigt, dass es uns überall und jederzeit treffen kann.

Terror im Namen einer Religion hat keine Daseinsberechtigung und darf nicht unser Leben bestimmen.

Wir müssen die Umstände verändern, bevor die Umstände uns verändern!

17. KAPITEL

Das Recht auf Familienzusammenführung

Ein wichtiges Thema ist auch der bereits angesprochene Familiennachzug, der den Angehörigen von anerkannten Flüchtlingen zusteht. Vor einigen Monaten veröffentlichten einige Medien die Zahl acht Millionen. Das könne die Anzahl der Menschen sein, die von den hier lebenden Flüchtlingen im Rahmen des Familiennachzugs nachgeholt werden. Unsere Politiker haben dies schnell dementiert, aber keine realistischen Zahlen nachgeliefert. Wobei ich anmerken möchte, dass ich die Zahl von acht Millionen für gar nicht so unrealistisch halte. Es ging bereits an anderer Stelle darum: Die meisten Familien haben lediglich einen ihrer Söhne auf den gefährlichen Weg nach Deutschland geschickt. Denn die Schleuser kosten für eine Person allein schon mehrere Tausend Euro und zudem ist es für die anderen Familienmitglieder weitaus ungefährlicher, auf legalem Weg nachzukommen. Dies erklärt im Übrigen auch, warum mehr als 70 Prozent der Flüchtlinge allein reisende, junge Männer sind.

Muslimische Familien sind meistens sehr kinderreich. Vier bis sechs Kinder sind keine Seltenheit, sondern eher die Regel. Dazu kommen die Elternteile und bei erwachsenen Kindern unter Umständen auch schon ein Ehepartner.

Wenn man also im Durchschnitt von sechs Familienmitgliedern ausgeht, die das Recht auf eine Familienzusammenführung haben, und das auf 1,3 Millionen Flüchtlinge hochrechnet, dann kommt man auf 7,8 Millionen Menschen (Stand Juli 2016). Da hat es auch kaum Auswirkungen, dass die Regierung kürzlich das Asylpaket 2 auf den Weg gebracht hat, in dem festgelegt wurde, dass für Flüchtlinge, die lediglich den sogenannten subsidiären Schutzstatus (das bedeutet, dass den Flüchtlingen ein ernsthafter Schaden drohen würde, wenn man sie in ihr Heimatland abschieben würde) bekommen (dies betrifft vorwiegend Flüchtlinge aus Eritrea, Afghanistan und Somalia), der Familiennachzug für zwei Jahre ausgesetzt wird.

Laut dem Bundesamt für Migration wurde nämlich im Jahr 2015 bei den positiven Bescheiden zu 99 Prozent der Schutz nach der Genfer Konvention und nicht der subsidiäre Schutz vergeben. Somit werden die Zahlen bezüglich des Familiennachzugs nicht spürbar nach unten zu korrigieren sein.

Was sicherlich nicht nur mich verunsichert, ist der Umstand, dass unsere Regierung sich hierzu bisher kaum geäußert hat. Wenn ich von den von mir betreuten Flüchtlingen ausgehe, dann werden sehr viele der Migranten von dem Familiennachzug Gebrauch machen. Viele reden davon, wie sehr sie sich auf den Moment freuen, wenn ihre Eltern und

Geschwister auch endlich in Deutschland angekommen sind und sie endlich wieder zusammenleben können.

Menschlich ist das natürlich vollkommen verständlich und nachvollziehbar, aber wenn man bedenkt, dass gerade große und auch bezahlbare Wohnungen in Deutschland Mangelware sind, stelle ich mir die Frage, wo wir all diese Menschen unterbringen. Wer soll all diese Menschen während der nächsten Jahre finanziell versorgen?

Sabatina James, die bereits genannte pakistanische Menschenrechtlerin und ehemalige Muslimin, die schon seit vielen Jahren vor dem radikalen Islam und den daraus resultierenden Integrationsproblemen warnt, hat es in einem Interview so formuliert: »Die Europäer haben einen sehr naiven Integrationsoptimismus.« Damit hat Frau James (was im Übrigen nicht ihr richtiger Name ist, da sie nicht nur von ihrer eigenen Familie, sondern auch von vielen Muslimen verfolgt und mit dem Tode bedroht wird) es auf den Punkt gebracht. Diese Naivität ist es, die ich auch in meiner Flüchtlingsarbeit zu spüren bekomme. Die Aussage von Frau James deckt sich zu einhundert Prozent mit meinen Erfahrungen.

Auch Friedmann Eißler, wissenschaftlicher Referent der Evangelischen Zentralstelle für Weltanschauungsfragen, kann ich nur voll und ganz zustimmen, wenn er sagt: »Es sind Fehler in der Integrationspolitik gemacht worden, indem man die Dinge lange unbeachtet laufen ließ. Vermutlich spielt aber auch politische Rücksichtnahme eine Rolle, leider.«

Für jegliches Fehlverhalten der Flüchtlinge wird eine Entschuldigung gefunden und anstatt mit ihnen realistisch über ihre Möglichkeiten zu sprechen, die sie aufgrund ihrer Schul-

oder Ausbildung in Deutschland haben, wird ihnen auch oft von Seiten der Flüchtlingshelfer suggeriert, sie könnten hier eine stattliche Karriere machen. Dabei werden Erwartungshaltungen geweckt, die sich nur sehr bedingt oder auch gar nicht erfüllen werden.

Wie sich die Flüchtlingshilfe gestalten wird, wenn nun im Rahmen des Familiennachzugs noch ein paar Millionen Menschen dazukommen, vermag ich mir nicht auszudenken.

Die ehrenamtlichen Kräfte sind in vielen Städten jetzt schon am Limit, und ich konnte oft beobachten, dass sich Menschen zu Beginn voller Begeisterung für die Flüchtlinge engagierten, nur um dann nach ein paar Wochen festzustellen, »dass es wohl doch nichts für sie ist«. Man kann es nur immer wieder betonen: Offensichtlich reichen die bereitgestellten Gelder aber nicht aus, um die dringend benötigten Fachkräfte einzustellen, die sich professionell um die Flüchtlinge kümmern. Ich vermute, dass sich in Zukunft noch mehr Ehrenamtliche zurückziehen werden, wenn dann tatsächlich die Familien nachkommen, da der Berg Arbeit, der uns dann erwartet, ins Unermessliche steigen wird.

Mir fällt in diesem Zusammenhang eine sehr traurige Begebenheit ein: Vor ein paar Monaten übernahm ich eine syrische Flüchtlingsfamilie zur Betreuung, da die Kollegin aus unserer Ehrenamtsagentur, die bisher für diese Familie zuständig war, tragischerweise einen Herzinfarkt erlitten hatte.

Nach ihrem plötzlichen Tod wurde eine neue Betreuerin für die von ihr betreute Familie gesucht, und ich bot mich an, dies zu übernehmen. Zu diesem Zweck bekam ich alle Unterlagen der syrischen Familie ausgehändigt, die sich vorher im Besitz der verstorbenen Flüchtlingshelferin befunden hatten. Um mir einen Überblick zu verschaffen, sah ich alle Unterlagen sorgfältig durch. Neben den Asylanträgen und den Formularen für das Kindergeld befanden sich auch sehr viele ausgedruckte E-Mails zwischen den Formularen. Es war unglaublich, wie viel Zeit diese Frau in die geflüchtete Familie investiert hatte. Es war kein Tag vergangen, an dem sie keine Korrespondenz mit der Ausländerbehörde, dem Jobcenter, der Krankenkasse, dem Kreis, diversen Ärzten und sonstigen Behörden geführt hatte. Dazu hatte sie unglaubliche Anstrengungen unternommen, um für die Familie eine passende Wohnung zu finden. Unter den vielen E-Mails fand ich auch eine, die von einer Mitarbeiterin unseres Landkreises stammte und die mir eine Gänsehaut verursachte.

Die Mitarbeiterin bat die Flüchtlingshelferin eindringlich, doch etwas kürzer zu treten und ein bisschen mehr an sich selbst zu denken. Sie werde sonst dieses Pensum an Hilfestellungen für die Flüchtlinge nicht lange durchhalten und irgendwann mit Einbußen der eigenen Gesundheit bezahlen. Es war schier unglaublich. Keine zwei Wochen später war die Flüchtlingshelferin tot.

Ich möchte damit jetzt keineswegs die Behauptung aufstellen, dass die Helferin einen Herzinfarkt bekam, weil sie in der Flüchtlingshilfe tätig war, aber es ist naheliegend, dass sie sich so sehr um andere gekümmert hat, dass sie offensichtlich ihre eigene Gesundheit darüber vergessen und wichtige Warnzeichen nicht wahrgenommen hat.

Tatsächlich hat sich diese Familie dann auch während meiner Betreuung als sehr zeitintensiv erwiesen. Es verging fast kein Tag, an dem mir die Frau keine Nachricht auf mein Handy geschickt hat, in der sie mich darum bat, bitte vorbeizukommen, weil es etwas zu klären gab. Nachdem ich in einer Woche tatsächlich vier Mal dort war und es sich herausstellte, dass es sich fast immer nur um Kleinigkeiten handelte, die man auch unproblematisch mit einem Telefonat hätte klären können, suchte ich das Gespräch mit der Flüchtlingsfamilie. Ich erklärte ihnen, dass ich außer ihnen noch weitere Flüchtlinge betreuen und darüber hinaus auch noch ehrenamtlich Deutschunterricht erteilen und eine Lese-AG für Grundschüler leiten würde. Außerdem wäre ich als Vollzeit-Autorin tätig und hätte selbst noch eine Familie und ein großes Haus zu versorgen.

Die Familie nickte verständnisvoll und versprach, sich zukünftig etwas zurückzunehmen. Leider blieb es allein bei dem Versprechen – und es änderte sich nichts.

Nach ein paar Wochen hatte ich ein geräumiges Häuschen für sie gefunden, in das sie zeitnah hätten einziehen können. Es verfügte über genügend Kinderzimmer und sogar über einen eingezäunten Hof, in dem die Kinder hätten spielen können.

Leider schaute sich die Familie das Haus nicht einmal an. Sie wollten nicht in unserer Kleinstadt bleiben, sondern lieber nach Darmstadt oder Gießen ziehen.

Ein paar Wochen später hörte ich plötzlich nichts mehr von der Familie. Auch auf meine Anrufe reagierte sie nicht mehr. Von den anderen Bewohnern der Gemeinschaftsunterkunft erfuhr ich dann, dass sie Familie in eine weiter entfernte Großstadt gezogen war.

Sie hat sich nicht einmal von mir verabschiedet …

18. Kapitel

Terror darf kein Teil des Alltags werden

Ich habe lange überlegt, ob ich auf die vielen Anschläge, die in der letzten Zeit auf der Welt verübt wurden, eingehen soll. Da ich ein authentisches Buch schreibe, welches die Gesamtsituation berücksichtigt, muss ich auch über dieses Thema schreiben, denn es ist unmittelbar mit der Flüchtlingskrise verbunden. Es nicht zu tun, würde bedeuten, diese Anschläge zu ignorieren, und das wäre der Situation nicht angemessen. Es gibt schon zu viele Menschen, die in Anbetracht der Probleme, die ein Flüchtlingszustrom in dieser Größenordnung nun einmal mit sich bringt, Augen und Ohren verschließen. Außerdem beschäftigt dieses Thema auch die Flüchtlinge sehr und wir reden oft darüber.

Nach den wiederholten Anschlägen in Frankreich, der Türkei und vielen anderen Ländern, ist der Terror nun auch in Deutschland angekommen. Das macht nicht nur den einheimischen Bürgern Angst, sondern auch ganz besonders den Flüchtlingen, denn schließlich sind sie vor Terror geflohen und wähnten sich in Deutschland endlich in Sicherheit. Dazu kommt die Angst, dass ihre Akzeptanz bei den hier lebenden Menschen weiter schwindet und sie für die Terroranschläge mit in die Verantwortung genommen werden.

Diese Entwicklung war abzusehen und viele Menschen haben davor gewarnt. Wie gesagt, wenn fast zwei Millionen Menschen in ein Land kommen, wäre es vermessen zu glauben, dass es nur die »guten« sind, die sich auf den Weg nach Deutschland gemacht haben. Natürlich sind auch Menschen unter ihnen, die unser Asylrecht auf eine sehr menschenverachtende Art und Weise missbrauchen. Da nützt es herzlich wenig, dass uns unsere Politiker immer wieder einschärfen wollen, dass sie alles für unsere Sicherheit tun und wir uns unter keinen Umständen unsere Freiheit nehmen lassen dürfen. An dieser Stelle muss die Frage erlaubt sein, was diese Freiheit noch wert ist, wenn wir zukünftig um unsere Kinder oder andere Angehörigen bangen müssen, wenn sie mit dem Zug fahren, in einem Schnellrestaurant einen Burger essen oder ein Musik-Festival besuchen möchten?

Hier machen es sich unsere Politiker schlicht zu einfach. Es reicht nicht aus, nach jedem Anschlag oder Amoklauf ein betroffenes Gesicht aufzusetzen und den Angehörigen der Opfer ihr Mitgefühl zu versichern.

Auch die Pressekonferenz unserer Bundeskanzlerin im Juli 2016, für die sie sogar ihren Urlaub abgebrochen hat, um eiligst ein paar beruhigende Worte unter das Volk zu bringen, hat sicherlich nicht nur mich auf ganzer Linie enttäuscht. Mit einer Beharrlichkeit, die schon an Verbohrtheit grenzt, versicherte sie auch bei dieser Gelegenheit wieder, dass wir in der letzten Zeit doch eine Menge geschafft hätten und, auch im Hinblick auf unsere historische Verantwortung, noch viel mehr schaffen würden.

Mir stellt sich die Frage, wer hier etwas geschafft hat und zu welchem Preis?

Der Hauptteil der Flüchtlingsarbeit wird von ehrenamtlichen Menschen geleistet, was oft zu Lasten ihrer eigenen Familien geht. Das kann und darf kein Dauerzustand werden.

Erste Terroraktionen, die unter dem Deckmantel des Islams ausgeführt wurden, haben nun auch Deutschland erreicht. Die wenigsten deutschen Bürger haben es bisher erlebt, dass Menschen grausam getötet oder schwer verletzt werden, weil sie in den Augen einiger Radikaler der falschen Religion angehören.

In Deutschland hat eine neue Form der sexuellen Belästigung Einzug gehalten. Dass ganze Männergruppen Frauen von ihren Begleitern trennen, um anschließend ihre Hände in alle vorhandenen Körperöffnungen des Opfers einzuführen, gab es bisher noch nicht.

Ist es nicht vermessen, in diesem Zusammenhang weiterhin den Menschen zu suggerieren, dass wir es schaffen? Wäre da ein ehrliches Zugeständnis, »dass die Aufnahme der Flüchtlinge auch solche Folgen haben kann, wusste ich nicht«, nicht wesentlich besser gewesen? Natürlich hätte es nichts geändert, denn auch wenn unsere Regierung es vorher gewusst hätte, wären wir trotzdem unserer Verantwortung nachgekommen, bedrohte Menschen aufzunehmen, auch auf die Gefahr hin, dass sich ein paar Menschen unter ihnen befinden, die weniger gute Absichten haben. Aber es wäre ein ehrliches Statement gewesen.

Natürlich kann man nicht alle Anschläge im Vorfeld verhindern. Dies sollte jedem bewusst sein, aber trotzdem müssen Maßnahmen ergriffen werden, die zumindest die Chance erhöhen, dass man schon im Vorfeld erkennt, ob ein Flüchtling vielleicht gar nicht mit der Motivation, sein Leben zu retten, nach Deutschland gekommen ist, sondern dass es viel eher sein Ziel ist, unschuldigen Menschen ihr Leben zu nehmen. Dies würde aber auch wieder voraussetzen, dass die Anzahl der bezahlten Betreuungskräfte drastisch erhöht wird und die ehrenamtlichen Helfer professionell geschult werden.

Es gibt immer bestimmte Anhaltspunkte, die auf eine Radikalisierung oder eine schwere psychische Störung hinweisen, und es braucht Menschen in der Flüchtlingshilfe, die in der Lage sind, genau das zu erkennen. Auch die Kontrollen bei der Einreise der Flüchtlinge müssen endlich wieder umfassender erfolgen. Wie oft haben Medien in den letzten Monaten darüber berichtet, dass sich bei von Flüchtlingen verübten Straftaten und der daraus resultierenden Festnahme herausgestellt hat, dass die Täter eine völlig andere Nationalität hatten als ursprünglich angegeben. Das darf nicht passieren!

Nach dem Selbstmordanschlag im bayerischen Ansbach und dem Machetenangriff von Reutlingen hat auch der Vorsitzende der Deutschen Polizeigewerkschaft, Rainer Wendt, eine bessere Kontrolle der nach Deutschland kommenden Flüchtlinge gefordert. »Weder ist die Identität aller Menschen geklärt, die zu uns gekommen sind, noch ihr geistiger und körperlicher Zustand«, sagte Wendt kürzlich in einem Interview. »Wir erleben ja in diesen Tagen, dass sich psychische Labilität, Terrorismus, Kriminalität miteinander vermischen«, fügte er hinzu. Umso wichtiger sei es, »dass wir die Menschen nicht nur unterbringen und verpflegen, sondern feststellen, wer da in unser Land kommt.« Wendt forderte, »sich diese Menschen ganz genau anzuschauen, ob von ihnen eine mögliche Gefahr ausgeht«. Ich kann ihm nur aus tiefstem Herzen beipflichten.

Es gehört ebenfalls zu den wichtigen Vorsichtsmaßnahmen, dass die Asylsuchenden, deren Antrag geprüft und abgelehnt wurde, wieder in ihre Herkunftsländer rückgeführt werden. Wenn man bedenkt, dass dies in der Vergangenheit bisher bei lediglich etwa 15 Prozent aller abgelehnten Asylbewerber der Fall war, muss man sich darüber Gedanken machen, warum unser Asylgesetz nicht konsequent angewendet wird. Ich wage zu behaupten, dass ein abgelehnter Asylbewerber eher dazu neigen wird, sich zu radikalisieren oder an einer psychischen Störung zu erkranken, als ein Flüchtling, dessen Antrag positiv beschieden wurde. Hat er erst einmal die Ablehnung in der Tasche und muss in der ständigen Angst leben, abgeschoben zu werden (was in seinem Heimatland fast schon einem persönlichen Scheitern gleichkommt), hat er eher das Gefühl, dass er nichts mehr zu verlieren hat, und der psychische Druck kann schnell ins Unermessliche steigen.

Man kann wohl pauschal sagen, dass unsere Bundesregierung seit Beginn des Flüchtlingszustroms alles andere als verantwortungsbewusst gehandelt hat, und es wird Zeit, dies zu ändern. Wir dürfen, auch im Hinblick auf die Verantwortung, die wir für viele Menschen aus den Kriegsgebieten übernommen haben, nicht den Überblick verlieren und dabei in Kauf nehmen, dass der Terror ein Teil unseres Alltags wird.

19. KAPITEL

Grundlegendes ändern und aus Fehlern lernen

Wenn das Gespräch auf die Flüchtlingskrise kommt und ich dann ganz offen meine Meinung kundtue, dass wir sie nicht bewältigen werden, wenn wir nicht einige Dinge grundlegend ändern, ernte ich oft erschrockene Blicke.

Die Menschen die mich kennen, wissen, dass ich eine Kämpfernatur bin und es triftige Gründe gibt, wenn ich eine Sache für gescheitert erkläre. Sie wissen auch, dass ich an Probleme ohne Emotionen herangehe und in Diskussionen stets sachlich bleibe. Vielleicht erschreckt sie dadurch meine Aussage umso mehr.

Ich bin kein Pessimist, aber ich war schon in den Neunzigerjahren in der Flüchtlingshilfe aktiv, als damals der Krieg im ehemaligen Jugoslawien ausbrach und 320 000 Flüchtlinge Schutz und Hilfe in Deutschland suchten. Wenn ich die damalige Flüchtlingssituation mit der heutigen vergleiche, gibt es gravierende Unterschiede.

Damals war klar, dass, wenn der Krieg in Exjugoslawien vorbei ist, der größte Teil der Menschen wieder zurück in ihre Heimatländer gehen und dort mit dem Wiederaufbau beginnen würde. Von den 320 000 Flüchtlingen blieben lediglich 90 000 dauerhaft in Deutschland. Diese zu integrieren, gelang zwar auch nicht in allen Fällen, aber die Schwierigkeiten, die aus den Integrationsproblemen entstanden sind, blieben ohne gravierende Folgen und verkraftbar für Deutschland.

In der aktuellen Flüchtlingskrise geht man offensichtlich nicht davon aus, dass die Menschen nach Kriegsende zurück in ihre Heimatländer reisen werden. Weder in einer Talkshow noch in einer der zahlreichen Reden, die unsere Politiker oft und gerne führen, wird dieses Thema erläutert. Dabei versuche ich unermüdlich darauf aufmerksam zu machen, dass es auch die Aufgabe der EU-Länder sein muss, daran mitzuwirken, die Fluchtursachen in den Heimatländern der Flüchtlinge zu beseitigen und so den Weg für eine sichere Rückkehr der Geflüchteten zu ebnen. Andernfalls würde es nämlich bedeuten, dass solche barbarischen terroristischen Vereinigungen wie der IS immer mehr Land besetzen und dort ihre Schreckensherrschaft ungestört weiterführen können. Das kann und darf nicht das Ziel oder die Folge unserer Flüchtlingspolitik sein.

Spätestens seit den genannten aktuellen Zahlen der Arbeitsagentur, aus denen hervorgeht, dass über 70 Prozent der Flüchtlinge eben nicht die angekündigten Fachkräfte, sondern Menschen ohne jegliche Ausbildung und teilweise sogar ohne einen Schulabschluss sind, muss sich unsere Regierung Gedanken darüber machen, wie die Zukunft der

Flüchtlinge aussehen soll. Auch das gehört zu einer verantwortungsvollen Flüchtlingspolitik.

Wenn man alle Fakten zusammennimmt, muss man zu folgendem Ergebnis kommen:

- Wir haben nicht genügend bezahlte Kräfte, um die Flüchtlinge adäquat während der ersten Monate in Deutschland zu unterstützen und zu betreuen. Diese Betreuung wird in erster Linie von ehrenamtlichen Kräften geleistet. Diese Hilfe ist aber nicht sicher kalkulierbar, da diese Hilfe freiwillig und ohne jegliche dauerhafte Verpflichtung gewährleistet wird.

- Wir haben nicht einmal annähernd genügend Wohnraum, um die Flüchtlinge in der Mitte der Gesellschaft unterzubringen. Diese Unterbringung ausschließlich in den unbeliebten, ländlichen Gegenden vorzunehmen, ist in höchstem Maße integrationsschädigend und fördert die Entstehung weiterer Parallelgesellschaften.

- Wir haben nicht genügend Arbeitsplätze, mit denen die Flüchtlinge ihren Fähigkeiten entsprechend ihren Lebensunterhalt verdienen können. Da die erwarteten Fachkräfte zum Großteil ausgeblieben sind, werden in erster Linie Hilfsarbeiterstellen benötigt, die auch jetzt schon nur in unzureichender Anzahl vorhanden sind.

- Wir haben nicht genügend Traumatherapeuten und Psychologen. Viele der Flüchtlinge haben Schreckliches erlebt. Diese Erlebnisse werden sie nicht ohne Hilfe aufarbeiten können. Wir haben aber schon seit vielen Jahren zu wenige Psychotherapeuten und die Wartezeiten auf einen Termin betragen im Durchschnitt sechs Monate.

• Der muslimische Glauben und die deutsche Kultur kollidieren in vielen Bereichen. Der Großteil der Flüchtlinge gehört dem muslimischen Glauben an. Sie sind grundsätzlich nicht bereit, diesen Glauben unserer Kultur zu unterwerfen. Dies ist aber gerade im Bereich der Frauenrechte unumgänglich. Mit lapidaren Integrationskursen werden wir dieses Problem nicht lösen, werden wir die Entstehung weiterer Parallelgesellschaften nicht verhindern und die Rechte der Flüchtlingsfrauen nicht stärken. Dafür bedarf es weit umfassenderer Integrationsmaßnahmen und Sanktionsmöglichkeiten.

• Allein in den ersten drei Monaten im Jahr 2016 haben 170 000 Flüchtlinge deutschen Boden erreicht. Im ersten Halbjahr 2016 wurden bundesweit insgesamt 396 947 Asylanträge entgegengenommen, dies entspricht einem Anstieg im Vergleich zum Vorjahreszeitraum um rund 122 Prozent. Ein anhaltender Flüchtlingsanstieg in dieser Größenordnung wird unsere Möglichkeiten, auch im Hinblick auf den noch ausstehenden Familiennachzug, um ein Vielfaches überschreiten.

Die vorstehenden Punkte sind Fakten. Ich möchte sie nicht als Panikmache verstanden wissen. Die Augen vor diesen

Fakten zu verschließen, hilft in dieser Situation nicht. Stattdessen muss sich unsere Regierung um tatsächliche Lösungswege bemühen.

Es darf nicht zur Diskussion stehen, dass das Recht auf Asyl ein Menschenrecht ist. Menschen, die in ihren Heimatländern von Krieg und Verfolgung bedroht sind, müssen in den europäischen Ländern eine Aufnahme finden. Allerdings darf dies auch wirklich nur diesen Flüchtlingen zugestanden werden. Aus wirtschaftlicher Not seine Heimat zu verlassen, ist zwar menschlich verständlich, aber kein Asylgrund. Wenn wir diese Menschen mit offenen Armen empfangen, unterstützen wir einen Migrations-Reiseservice und werden schon sehr bald nicht mehr den Menschen gerecht werden können, die hier Schutz suchen, weil ihr Leben bedroht ist.

Man kann es nur immer wieder betonen: Es ist menschlich vollkommen nachvollziehbar, wenn Menschen sich auf den Weg nach Deutschland machen, weil sie in ihrem Land keine Perspektive sehen, aber wir können natürlich nicht die ganze Welt retten, auch wenn wir es noch so sehr möchten. Wir müssen uns darauf konzentrieren, den Kriegsflüchtlingen eine Perspektive in Deutschland zu bieten und sie bei ihren Integrationsbemühungen zu unterstützen.

Wie schon erwähnt, würde ich mir dringend einen Informationsfilm über das Asyl in Deutschland wünschen, damit die Flüchtlinge aus erster Hand wissen, was sie hier erwartet, und Schleuser nicht mehr die Chance haben, den Fluchtwilligen Lügen aufzutischen, damit sie mit der Not der Menschen ihr Geld verdienen können.

Darüber hinaus ist es dringend notwendig, dass für die Betreuung der Flüchtlinge die Anzahl der bezahlten Betreuungskräfte drastisch erhöht wird. Ehrenamt muss Ehrenamt bleiben und darf nicht den Umfang einer professionellen Betreuungskraft erreichen. Wenn ich als Bundesregierung der Bevölkerung suggeriere, dass wir diese Flüchtlingskrise erfolgreich bewältigen, darf ich diese These nicht fast ausschließlich auf die Hoffnung stützen, dass sich genügend Freiwillige bereiterklären, kostenfrei ihre Arbeitskraft zur Verfügung zu stellen.

Zudem müssen sowohl die ärztliche wie auch die psychologische Versorgung aller Bürger in Deutschland gewährleistet sein. Das bedeutet, dass die Anzahl der Ärzte dringend im Kontext zu der Anzahl der Flüchtlinge, angehoben werden muss. Noch längere Wartezeiten auf einen Facharzttermin sind nicht vertretbar und dürfen nicht zu Lasten der Allgemeinheit gehen.

Wenn wir es schaffen, für all die vorliegenden Aspekte Lösungswege zu erarbeiten, dann – und nur dann – haben wir eine Chance, dass wir es tatsächlich schaffen können und in das gespaltene Land wieder Ruhe einkehrt.

Ich würde es mir wünschen. Für meine Kinder, meine Enkelkinder, für meine Freunde und Familie und für die Flüchtlinge.

Nachwort

Ich habe in den letzten Jahren viele Bücher geschrieben aber ich kann besten Gewissens behaupten, dass das vorliegende zu den schwersten gehört.

Wenn man einen ehrlichen und authentischen Einblick in unsere derzeitige Flüchtlingssituation gewähren möchte, gehört eine schonungslose Ehrlichkeit dazu, auch wenn man weiß, dass es Menschen geben wird, die das Buch nicht als das sehen werden, was es ist – nämlich genau dieser ehrliche Einblick. Da hilft es auch wenig, dass die Halbschwester meines Sohnes Türkin ist, dass ich Mitglied in der SPD bin und nicht in einer der Parteien, die ihre Anhänger am rechten Rand fischen, dass meine Familie und ich viele Jahre mit den unterschiedlichsten Nationen unter einem Dach gelebt haben, dass mein Freundeskreis neben Deutschen auch aus Türken, Russen, Afrikanern, Kurden, Syrern und Armeniern besteht und dass ich seit vielen Jahren in der Flüchtlingshilfe tätig bin.

Und trotzdem bin ich sehr dankbar, dass ich dieses Buch schreiben durfte, denn es ist mit der Hoffnung verbunden, dass es wachrüttelt und vielleicht etwas in den Köpfen der

Menschen zu verändern vermag. Wir werden die Probleme weder mit Ignorieren, Schönreden oder mysteriösen Verschwörungstheorien lösen können. Sondern die Lösung wird uns nur mit einer guten Portion Realismus gelingen. Dass wir nicht den Kopf in den Sand stecken, sind wir nicht nur uns selbst schuldig, sondern auch den Menschen, die voller Hoffnung in unser Land gekommen sind, um dieses Land zukünftig auch als ihre Heimat zu sehen.

Ihre
Katja Schneidt

Rudolf Stumberger

FLÜCHTLINGE VERSTEHEN

Wer sie sind, was sie von uns unterscheidet
und was das für uns bedeutet

riva

240 Seiten
14,99 € (D) | 15,50 € (A)
978-3-86883-997-5

Rudolf Stumberger
**Flüchtlinge
verstehen**
Wer sie sind, was sie von
uns unterscheidet und was
das für uns bedeutet

Die Flüchtlingskrise ist allgegenwärtig, in den Medien nimmt die Berichterstattung darüber, woher die Flüchtlinge kommen, welches ihre Motive sind, wie sie sich verhalten und wie man sie integrieren kann, einen sehr großen Teil ein.

Der Soziologe und Journalist Rudolf Stumberger analysiert und charakterisiert in seinem Buch die einzelnen Gruppen: Was unterscheidet Afghanen von Syrern und Irakern, aus welchen Gründen fliehen Albaner, Libyer oder Eritreer aus ihren Ländern? Wie sieht die Gesellschaft bei den verschiedenen Nationen zu Hause aus und über welches Frauenbild verfügen sie? Wer kommt als Familie, wer alleine? Dieses Buch schafft Klarheit, indem es erklärt, wie die verschiedenen Gruppen denken, was sie geprägt hat, warum sie uns fremd erscheinen und warum Flüchtling eben nicht gleich Flüchtling ist.

riva

176 Seiten
19,99 € (D) | 20,60 € (A)
978-3-86883-476-5

Rainer Wendt

Deutschland in Gefahr

Wie ein schwacher Staat
unsere Sicherheit aufs
Spiel setzt

Ein schwacher Staat kann die Menschen nicht schützen, die in seinen Grenzen leben. Und deshalb muss
Schluss sein damit, Deutschland weiter zu schwächen.
Denn unser Land ist längst nicht mehr sicher, deshalb
brauchen wir den starken Staat. Denn nur der hat die
Macht, die Bürger zu schützen und gegen diejenigen
anzutreten, die unsere Demokratie, unsere Verfassung,
das Recht und die Gerechtigkeit mit Füßen treten.
Rainer Wendt legt mit seinem Buch den Finger in zahlreiche Wunden. Er beschreibt Versäumnisse, die dazu
führten, dass Täter heutzutage häufig besseren Schutz
genießen als die Opfer. Er erklärt, warum der Staat sich
bei der Bekämpfung von Verkehrssündern stark macht,
aber im Kampf gegen Vergewaltiger, Totschläger oder
andere Schwerkriminelle schwach bleibt. Außerdem
nimmt er die Politik ins Visier, die nie vorausschauend
handelt, sondern immer erst dann einschreitet, wenn
die Probleme unübersehbar geworden sind. Wendt
sagt klar und deutlich, was sich ändern muss, damit
wir weiterhin in einem so wohlhabenden, sicheren und
freien Land leben können.

riva